LIA FRANKEN

Großväter sind die besten

Ein Lesebuch mit Geschichten,
Erinnerungen,
Erlebnissen und Anregungen
für alle Großväter
von heute und morgen

SCHERZ

Inhalt

. . . nostalgisch

. . . verehrte Festgäste

. . . klug, weise und gütig

. . . die liebsten

Großväter
sind
verständnisvoll

HEINRICH SEIDEL

Was ein Großvater
alles können sollte

Hühnchen als Großvater zu sehen, war eine wirkliche Freude,
und obwohl er in sehr jugendlichem Alter zu dieser Würde
gelangt war, so mußte man doch sagen, er war dazu geboren.
Die Mischung von großväterlichem Ernst und kindlicher
Vertraulichkeit in seinem Wesen war bewunderungswürdig
und ward nur durch die Geduld übertroffen, mit der er sich
den phantastischen Launen seiner Enkelkinder fügte. Er war
alles, was sie wollten, ein Elefant, ein Pferdebahnwagen, ein
Kamel, eine Dampfmaschine, ja sogar scheußliche Lindwür-
mer darzustellen, gab er sich her. Denn einst, als er bei uns
war und sich mit den Kindern auf dem Teppich balgte, während ich in meinem kleinen Zimmer noch eine notwendige
Arbeit zu erledigen hatte, ward ich gerufen, um ein lebendes
Bild in Augenschein zu nehmen, das die drei darstellten und
das an die Phantasie des Beschauers die ungeheuerlichsten
Anforderungen stellte. Es betitelte sich: «Der Ritter Sankt
Georg mit dem Drachen». Hühnchen wand sich als Lind-
wurm am Boden, während der vierjährige Wolfgang, auf den
Knien liegend, das Pferd darstellte. Auf ihm saß die kleine
zweijährige Helene als Ritter Georg und zielte mit einem
Spazierstock auf den furchtbar aufgesperrten Rachen des
greulichen Ungetüms, während dieses mit seinen Krallen
mächtig ausholte.
      Sogar zu Dichtungen regten ihn seine Enkel an. Als der
kleine Wolfgang zwei Jahre alt war, spielte er vorzugsweise

mit zwei wolligen Holztieren, einem Lamm und einem Hund, deren Fell er mit einem Kamm und einer kleinen Bürste eifrig bearbeitete.

Dazu machte Großpapa ein kleines Märchen, das später zum eisernen Bestand der Kinderstube gehörte und allen unseren Kindern, wenn sie in gleichem Alter waren, nicht oft genug erzählt werden konnte. Es lautete: «Es waren einmal ein Wauwau und ein Mählamm, und es waren einmal ein Kamm und eine Bürste. Da sagte das Mählamm zur Bürste: ‹Komm, Bürste, bürste mich!› Da sagte aber der Wauwau zur Bürste: ‹Nein, Bürste, bürste mich!› Nun sagte das Mählamm zum Kamm: ‹Komm, Kamm, komm, kämme mich!› Aber gleich sagte auch der Wauwau zum Kamm: ‹Nein, Kamm, komm, kämme mich!› Da taten Kamm und Bürste sich in ihr Futteral und sprachen: ‹Alles zu seiner Zeit! Geduld, Geduld verlaß mich nicht!›»

Von den vielen Versen, die er auswendig konnte und den Kindern zu ihrem Jubel vorsang und vorsagte, will ich nur ein kleines Gedicht mitteilen, das mir bemerkenswert ist, weil es mir vorkommt, als müßte der Verfasser Hühnchens gekannt und sie unter dem Bild dieser Vogelfamilie dargestellt haben. Es lautete:

Bei Goldhähnchens

Bei Goldhähnchens war ich jüngst zu Gast!
Sie wohnen im grünen Fichtenpalast,
In einem Nestchen klein,
Sehr niedlich und sehr fein.

Was hat es gegeben? Schmetterlingsei,
Mückensalat und Gnitzenbrei,
Und Käferbraten famos –
Zwei Millimeter groß.

Dann sang uns Vater Goldhähnchen was:
So zierlich klang's wie gesponnenes Glas.
Dann wurden die Kinder besehn:
Sehr niedlich alle zehn!

Dann sagt' ich: «Adieu!» und: «danke sehr!»
Sie sprachen: «Bitte, wir hatten die Ehr',
Und hat uns mächtig gefreut!»
Es sind doch reizende Leut'!

Und was konnte Großpapa nicht alles machen! Das erste war,
wenn er kam, daß ihm alle Invaliden gebracht wurden, an
denen es in einer Kinderstube nie fehlt, und daß er sich den
Fischleimtopf holte. Hühnchen brachte sie alle zurecht, er
setzte den Pferden neue Beine an, und den Wagen gab er die
Räder wieder. Soldaten, die höchst unmilitärischerweise ihre
Gewehre verloren hatten, bewaffnete er aufs neue, und kein
Tier in der Arche Noahs gab es, das nicht schon einmal in
seiner Kur gewesen wäre. Wolfgang hatte aber auch einen
solchen felsenfesten Glauben an die unfehlbare Kunst seines
Großvaters, daß einst, als ein kleiner Knabe bei einem wilden
Straßenspiel das Bein gebrochen hatte und die Mutter dar-
über weinte und lamentierte, er auf diese zuging und sagte:
«Nich weinen, Frau! Großpapa mit Fischleim wieder heil
machen!»

Schon als Wolfgang vier Jahre alt war, baute Hühnchen
ihm einen gewaltigen Drachen, und als wir ihn einst in Steglitz besuchten, ließen die beiden ihn steigen. Nachher sagte
Hühnchen zu mir: «Eigentlich habe ich hier nicht ganz ehrlich gehandelt, denn der Junge ist für dieses Vergnügen noch
viel zu klein und hat sehr wenig davon. Ich will dir nur offen
gestehen, daß mich schnöde Selbstsucht geleitet hat, denn
obwohl ich Großvater bin: Drachen steigen lassen macht mir
noch ganz ungeheuer viel Spaß!»

Unter Hühnchens Fingern ward jedes Stückchen Papier

zum Spielzeug und nahm hunderterlei Form und Gestalt an, und was für komische Männchen, Tiere, Mützen und sonstige Dinge er aus einem Taschentuch gestalten konnte, war einfach unglaublich. Gab man ihm eine Anzahl schwedischer Streichholzschachteln, ein wenig steifes Papier, ein bißchen Zwirn, einige Streichhölzer, etwas Siegellack und eine Schere, so machte er daraus die halbe Welt. Zum Beispiel eine schöne Waage mit Schalen aus Streichholzschachteln, oder ganze Güterzüge mit Achsen aus Streichhölzern und Rädern von steifem Papier, die sich zur großen Wonne der Kinder «ordentlich drehten», oder den Palankin der Prinzessin von China, den Staatsschlitten des Kaisers von Rußland, Mühlenräder, die mit Sand getrieben wurden, und wer weiß, was sonst noch.

Jedes Weihnachtsfest und jeder Geburtstag brachte ein neues Bilderbuch seiner Fabrik, wozu er die Bilder aus illustrierten Journalen, Anzeigen und dergleichen sammelte und sorgfältig in einen Band aus steifem Papier klebte. Komische Unterschriften oder kleine selbstgemachte Verse bildeten den Text zu diesen Bilderbüchern. Im Hühnchenschen Haus kam überhaupt nichts um. Jedes Stückchen Stanniol, jede Scherbe bunten Glases, jeder blanke Knopf, jedes Gummibändchen und was sonst an Wertlosigkeiten und Abfall im Hause vorkommt, wurde aufbewahrt und fand gelegentlich eine manchmal geradezu geniale Verwendung.

Am ersten Ostertag fuhren wir alle stets nach Steglitz, und in Hühnchens Garten wurden Eier gesucht. Er mußte wohl ein besonders gutes Verhältnis mit dem Osterhasen haben, denn in Hühnchens Garten legte dieser rätselhafte Vierfüßler, der seinen einzigen Kollegen in der Eierproduktion, das wunderliche Schnabeltier, sowohl in der Reichhaltigkeit als auch der Massenhaftigkeit seiner Erzeugnisse fabelhaft übertrifft, die herrlichsten Eier. Da gab es goldene und silberne und solche, die in allen Farben des Regenbogens glänzten. Da gab es welche, die nach der Methode, die im Spreewald angewendet wird, mit den herrlichsten Ornamenten geziert waren, und einige sogar hatte ihr Erzeuger mit seinem eigenen Bildnis geschmückt und mit deutlicher Pfote darunter geschrieben: «Z. fr. Erg. Der Osterhase.»

ERIC MALPASS

Opas Zigarre

Es war Neumond. Die Nächte waren warm und samten, Sternenstaub lag schimmernd über dem Himmel, und in den Gärten hing schwer der Duft der Levkojen und der Geruch von Erde und üppigem Grün. Vierzehn Tage sind es jetzt, dachte May, vierzehn Tage seit dem letzten Überfall. Vielleicht haben wir es ausgestanden. Vielleicht war es wirklich nur ein Fremder, der zufällig hier durchkam. Vielleicht müßten wir uns jetzt sogar unserer heimlichen Verdächtigungen schämen und versuchen, die ganze Sache wie einen Alptraum zu vergessen. Vielleicht...

Constable Harris radelte nachdenklich durch die abendlichen Wege. Im Westen sah der Himmel aus, als hätte ihn ein Kind mit Wasserfarben betupft. Doch Constable Harris hatte keinen Blick für das zarte Spiel der Farben. Der Constable hatte Sorgen. Vierzehn Tage waren nun verstrichen seit den beiden Überfällen. Nichts hatte sich seither ereignet, und seine Vorgesetzten waren schon geneigt, die ganze Geschichte zu den Akten zu legen. Nicht so Constable Harris. Jemand hatte diese Kinder auf dem Gewissen, und dieser Mensch konnte wieder zuschlagen – irgendwann. Es war seine Pflicht, weiter nachzuforschen und – wenn möglich – ein Unheil zu verhindern. Es kann nicht schaden, dachte er, mal einen Blick in den Steinbruch zu werfen. Er lenkte sein Fahrrad in diese Richtung.

Als er den Steinbruch erreichte, waren die Pastelltöne im Westen verblichen. Der Himmel wurde grau. In düster drohender Stille lag der Steinbruch vor ihm: Auf seinem überwachsenen Grund hielt sich noch die Hitze des Tages, und die hohen Felswände hüllte die Nacht ein.

Constable Harris lehnte sein Fahrrad gegen einen Baum und tauchte ins Dickicht. Er wußte eigentlich nicht, was er hier zu finden erwartete. Alles, was er wirklich fand, war die Nacht, die hier unten, am Fuß der Felswände, etwas verfrüht eingekehrt war. Er leuchtete mit seiner Taschenlampe in die Runde. Blätter und ihre Schatten, Schneckenspuren, silbrigfeucht schimmernd im plötzlichen Licht, graue, samtene Nachtfalter, die zu Hunderten aufgescheucht herumtaumelten beim plötzlichen Erscheinen ihres geliebten und gehaßten Feindes, des Lichts. Sonst nichts weiter. Doch halt, da drüben in der Ecke, direkt unter der Steinwand, da war doch was?

Eine alte, verfallene Holzhütte. Angenommen, hier haust einer – zum Beispiel ein Landstreicher? Der sich tagsüber hier versteckt und nur nachts herauskommt? Er bahnte sich einen Weg durch das Gestrüpp. Die Brombeersträucher rissen an seiner Uniform. Er leuchtete das Innere der Hütte mit seiner Taschenlampe ab. Tatsächlich, hier hauste jemand – oder hatte jemand gehaust. Auf dem Boden Reste einer Mahlzeit, eine Papiertüte mit Abfällen, eine heruntergebrannte Kerze. Constable Harris knipste seine Lampe aus und trat wieder hinaus in die Dunkelheit. Hier würde er sich bei Tageslicht einmal gründlich umsehen. Das konnte nichts schaden. Vielleicht würde er sogar den Mann finden, den er suchte.

Der Morgen begann für Constable Harris mit brutzelndem Schinken und zwei Spiegeleiern, einem guten, starken Tee, Sonnenschein auf dem Frühstückstisch und der Aussicht, heute morgen im alten Steinbruch etwas Konkretes zu finden. Ich muß nur rasch vorher im Revier hereinschauen, dachte er, und dann aber nichts wie aufs Fahrrad und nachsehen, was es zu sehen gibt.

«Na, dann bis später», sagte er zu seiner Wirtin. «Wird eine Bullenhitze werden heute. Passen Sie auf, wir kriegen bestimmt über dreißig Grad.»

Vor sich hin pfeifend, fuhr er davon. Im Geist hörte er schon die Stimme seines Vorgesetzten barsch wie immer sagen: «Gut gemacht, Harris. Werde es nicht vergessen, wenn ich den nächsten Bericht über Sie schreibe.»

Lumbago hin, Lumbago her – an so einem strahlenden Morgen dachte Opa nicht daran, in dem verdammten Bett zu bleiben. «Jocelyn!» bellte er.

Sein Sohn stürmte herein, das Gesicht mit Seifenschaum bedeckt. Sein Vater sah ihn griesgrämig an. «Hilf mir hier raus», befahl er.

Jocelyn seifte weiter. «Dr. Browne hat gesagt, du müßtest im Bett bleiben», sagte er mahnend.

Opa warf die Bettdecke zur Seite. «Dr. Browne ist ein weibischer alter Tattergreis!» Er streckte ein Bein aus dem Bett und suchte mit dem Fuß nach dem Boden. Er fand ihn, aber er zog den Fuß zurück, als habe er in rote Glut getreten. «Himmelherrgottsakrament», fluchte er leise vor sich hin.

«Ich verstehe nicht, wie du deine Ausdrucksweise mit deinen Kirchenbesuchen in Einklang bringst», sagte Jocelyn.

«Verflucht noch mal, kümmere dich nicht um meine Ausdrucksweise. Und steh da nicht nur herum und seif dich ein. Tu endlich was! Schaff mich nach unten!»

«Wie?»

«Wie zum Teufel soll ich das wissen? Meinetwegen hol einen Rollstuhl oder sonst was Fahrbares.»

«Das einzige in der Art, das wir in diesem Hause besitzen, ist Amandas Kinderwagen, und den braucht sie selbst. Ich werde May fragen. Ihr wird schon etwas einfallen.»

«Nein!» sagte der alte Mann schnell.

«Warum denn bloß nicht?»

«Sie wird mich nicht aus dem Bett lassen. Dich kann ich herumkommandieren, soviel ich will. Aber gegen May bin ich machtlos.»

«Das ist ein verdammt starkes Stück», sagte Jocelyn aufgebracht.

«So, und wer flucht hier? Übrigens, da fällt mir etwas ein. Dieses Mädchen, diese ... wie heißt sie noch? Jenny.» Er starrte seinen Sohn finster grollend an. «Ich wünsche keine Poussierereien in meinem Hause, verstanden?»

«Also, ich muß doch bitten, Vater.» Jocelyn verschlug es die Sprache. «So lasse ich einfach nicht mit mir reden. Weißt du denn nicht, wie alt ich bin?»

«Nein. Das habe ich nie behalten können. Aber du bist auf jeden Fall bei weitem zu alt für ein Techtelmechtel mit einem Schulmädchen. So, und jetzt hilf mir gefälligst aus dem verdammten Bett.»

Jocelyn schnaubte wütend: «Vater, ich verbitte mir solche unpassenden Ausdrücke, was immer du auch unter einem Techtelmechtel verstehen magst.»

«Spiel dich nicht auf», sagte Opa. «Würdevoller Zorn hat dir noch nie gestanden. Aber wenn du obendrein noch das Gesicht voller Seifenschaum hast...» Er schwang die Beine aus dem Bett, setzte die Füße vorsichtig auf den Boden und richtete sich langsam auf. Als er endlich stand, war er in Schweiß gebadet. «Komische Sache – Schmerzen», sagte er. «Kein Medikus weiß genau, was das eigentlich ist. Definieren könnte ich es selber nicht. Aber daß sie da sind – daran besteht nicht der mindeste Zweifel.»

«Nein», sagte Jocelyn. Trotz seiner Wut mußte er den alten Mann bewundern.

«Ich werde mir das Bad schenken», sagte Opa. «Sonst hört May das Wasser laufen, und ich stelle sie lieber vor ein Fait accompli.» Mit schmerzverzerrtem Gesicht humpelte er zum

Schrank und nahm seine Sachen heraus. Zehn Minuten später bot Opa das gewohnte morgendliche Bild: Zwei stämmige Beine ragten aus einem Sessel hervor, darüber schwebte die *Times*, hinter der feine Rauchwölkchen aufstiegen wie aus einem brodelnden Vulkan.

Doch Opa war es nicht vergönnt, lange in Ruhe zu brodeln. «Schwiegervater!» rief eine entsetzte Stimme. «Was machst du denn hier? Ich denke, du bist im Bett.»

Ganz langsam ließ Opa die Zeitung sinken. So wütend wie noch nie schaute er May an. «Bis zur rüden Störung», sagte er eisig, «habe ich hier meine Zeitung gelesen und meine Frühstückszigarre genossen.»

«Die *Times* kannst du auch im Bett lesen, und Zigarren schaden dir sowieso», sagte seine Schwiegertochter energisch. «Komm, heia, heia.» Sie ergriff ihn beim Arm.

Er schüttelte sie erbittert von sich ab. «Komm mir hier nicht mit heia, heia, Mädchen. Wenn meine Zeit gekommen ist, dann könnt ihr mich meinetwegen mit einem Lastkran aus dem Sessel hieven, aber bis dahin werde ich so lange wie möglich drin sitzen bleiben. Und übrigens, da wir gerade allein sind: Paß auf deinen Mann auf! Wenn du schlau bist, nimmst du ihn ein bißchen fester an die Kandare. Ich will hier kein Techtelmechtel im Haus haben, ist das klar?»

Diesmal blieb May fast die Luft weg. «Wie kannst du es wagen?... Wie kannst du es wagen, so über Jocelyn zu sprechen?»

«Diese Schriftsteller sind alle gleich», sagte Opa. «Haltloses Volk.»

«Selbst wenn du es vergessen haben solltest, daß er dein Sohn ist, solltest du dich daran erinnern, daß er *mein Mann* ist.»

«Freiheit sagen sie heute zu so was. Wir nannten das Mangel an moralischem Rückgrat.»

«Nun, ich habe Wichtigeres zu tun, als hier den halben Morgen herumzustehen und über Jocelyn zu reden», sagte

May und rauschte wütend hinaus. Opa tat einen langen, genießerischen Zug an seiner Zigarre. Das habe ich gut hingekriegt, dachte er. Nur eine Bemerkung über Jocelyn, und schon hat sie völlig vergessen, daß sie mich ins Bett verfrachten wollte. Er fand, daß er seinen Trumpf prächtig ausgespielt hatte. Er hatte einen friedlichen Morgen vor sich.

Von seinem Sessel konnte er durch die offene Tür der Veranda schauen. Die Sonnenstrahlen fielen schräg ins Zimmer, die Vorhänge bauschten sich sanft in der Morgenbrise. Von draußen drang das Gesumm der Bienen herein, das tiefe Muhen der Rinder und das ferne, einschläfernde Rattern eines Mähdreschers. Heute morgen fand Opa an der *Times* wenig Freude. Die Welt war in Unordnung, aber das war sie ja immer. Die Politiker hatten keine Ahnung, aber heutzutage hatten sie nicht einmal mehr Format. Kleine Leute, die sich ein Geschäft aufgeladen hatten, das in seiner Kompliziertheit weit bedeutendere Köpfe in Verlegenheit bringen konnte. Die Börse spielte wieder einmal verrückt, aber das tat sie oft genug. Nein, die Welt war voller Haß und Leid und menschlicher Dummheit. Und da draußen vor den Fenstern lag ein so köstlicher Morgen, als sei er eigens für die Heiligen im Himmel geschaffen und nicht für die armseligen Sünder dieser Erde. Das war ein Widerspruch, der ihn zeitlebens beschäftigt hatte, ohne daß er ihn zu lösen vermochte. Schmerz inmitten von soviel Schönheit, das Unkraut des Hasses, das unter den Blumen der Liebe wucherte.

Nun, er würde das Rätsel auch heute nicht lösen. Das Schlimme war nur, daß es bisher offenbar noch keiner gelöst hatte. Außer Christus vielleicht. Er hatte es in der direktesten, in der mutigsten Weise gelöst – indem er den Schmerz geduldig annahm. Das ist wahrscheinlich alles, was wir tun können, dachte Opa.

Er faltete die Zeitung zusammen. Ein seltsamer Friede erfüllte ihn. Ein neuer Tag lag vor ihm – lang, müßig, golden. Ein Tag, an dem man ruhig über das Vergangene nachdenken, ohne große Furcht in die Zukunft blicken, vor allem aber die Gegenwart genießen konnte. Ein Tag, an dem ... Da sah er seinen Enkel auf die offene Verandatür zukommen.

Verzweifelt stellte er sich schlafend. Dann ging ihm auf, daß man mit einer brennenden Zigarre im Mund als Schläfer nicht sehr überzeugend wirkt. Er nahm sie aus dem Mund und legte sie in den Aschenbecher, schloß die Augen und begann tief und gleichmäßig zu atmen.

Der Junge kann doch tatsächlich leise sein, dachte Opa. Er hörte nichts. Dabei wußte er genau, daß Gaylord das Zimmer angesteuert hatte. Der alte Mann riskierte ein vorsichtiges Auge. Gaylord saß ihm gegenüber im Sessel und rauchte.

«Zum Teufel, was fällt dir ein?» bellte Opa.

«Ich dachte, du schläfst.» Gaylord war sichtlich gekränkt.

«Wie du siehst, schlafe ich nicht. Leg sofort die Zigarre hin!»

«Komisch», sagte Gaylord. «Sie schmeckt gar nicht so, wie sie riecht.» Er zog noch einmal prüfend an der Zigarre. «Aber trotzdem – ich mag das gern.»

«Der Spaß wird dir gleich vergehen. Noch ein paar Züge, und dann fühlst du dich, als hättest du ein Dutzend Cremeschnitten gegessen und drei Schweinekoteletts und wärst hinterher lange Karussell gefahren.»

«Muß ich mich übergeben?»

«Ohne den geringsten Zweifel.»

«Mußt du dich auch jedesmal übergeben, wenn du eine Zigarre rauchst, Opa?» Gaylord betrachtete den alten Mann mit ganz neuem Interesse.

«Natürlich nicht. Ich bin's ja gewöhnt.»

Gaylord stand auf und reichte ihm die Zigarre. «Bitte schön, Opa. Und vielen Dank auch», sagte er höflich.

Der alte Mann zuckte zurück. «Nein, danke, ich nehme lieber eine neue, wenn du nichts dagegen hast. Zigarren sind keine Friedenspfeifen, die man rundgehen läßt, weißt du. Das Mundstück wird ... matschig.»

«Dann darf ich die hier behalten?» fragte Gaylord eifrig.

Opa schwieg. Seine Zigarre und seine Pfeife gehörten zu den Dingen, die ihm das Leben immer so angenehm gemacht hatten. Dennoch hielt er das Rauchen für Unfug, für Verschwendung und für eine schlechte Angewohnheit. Je später sein Enkel damit anfing desto besser, dachte er. Und vor harten Erziehungsmethoden war er nie zurückgeschreckt. «Meinetwegen gern», sagte er. «Wenn ich dir einen guten Rat geben darf, dann wirf sie gleich weg. Aber wenn du unbedingt rauchen willst, dann verkriech dich irgendwohin, wo du garantiert allein bist. Wenn du sie nämlich zu Ende geraucht hast, wirst du auf menschliche Gesellschaft keinen gesteigerten Wert mehr legen.»

«Vielen Dank, Opa», sagte Gaylord. «Könntest du mir vielleicht auch noch ein paar Streichhölzer leihen? Dann geh ich in den Steinbruch und rauche da.»

Opa sah ihn mit etwas schadenfrohem Mitleid verschwinden. Na, das dürfte ihn vom Rauchen kurieren, bis er mindestens siebzehn ist, dachte er. Und als erfreuliche Nebenwirkung wird es mir weitere Störungen von dieser Seite ersparen.

Constable Harris hatte recht gehabt. Es war wirklich eine Bullenhitze. Während er zum alten Steinbruch radelte, fühlte er, wie ihm unter seiner dicken Uniform der Schweiß über den Körper lief. Er war auf dem Revier länger aufgehalten worden; inzwischen war aus dem Morgen ein heißer, schläfriger Sommermittag geworden, an dem das Vieh knietief und versonnen im seichten Flußwasser stand, die Pferde den Schatten suchten, Vögel und Schmetterlinge nicht mehr flattern mochten und sogar die Karnickel still am Boden hockten und träumten. Doch Constable Harris ließ sich von der Hitze nicht beirren. Kräftig trat er in die Pedale. Er hatte dem Sergeant auf dem Revier von seiner Entdeckung im Steinbruch erzählt und war für all seine Mühe auch noch ausgelacht worden. Das Leben, dachte Constable Harris, kann verdammt hart sein für einen ehrgeizigen Mann, der nur Nieten zu Vorgesetzten hat. Aber er würde es ihnen schon zeigen. Wenn wirklich jemand in der Hütte hauste – und seine flüchtige Untersuchung gestern abend ließ das vermuten –, dann müßte doch irgend jemand einen Fremden in dieser Gegend bemerkt haben. Doch niemand hatte von einem solchen Fremden berichtet. Folglich mußte dieser jemand sich versteckt halten. Folglich war es ein höchst verdächtiges Individuum. Ha! Da würde aber was gefällig sein, wenn Constable Harris ankommen und sagen würde: «Ich glaube, ich habe den Mann, den Sie suchen, Sergeant.»

Der Steinbruch kam in Sicht. Harris sah die steilen Wände in der Hitze flimmern, als sähe man sie durch Wasser hindurch. Und – großer Gott! Da sah er noch etwas anderes! – Eine dünne Rauchsäule kräuselte empor und hob sich blau gegen die grauen Steine ab. Der Constable trat noch kräftiger in die Pedale. So ein Dusel! Das war ja fabelhaft! Der Kerl war doch tatsächlich da und kochte sein Mittagessen! Na, der Sergeant wird ein ganz schön dummes Gesicht machen, bevor der Tag zu Ende geht.

Die Rauchsäule schien immer größer zu werden. Eigentlich ein bißchen viel Rauch für ein paar Scheiben Speck. Und was war das für ein Geräusch, das man jetzt deutlich in der atemlosen Stille des Mittags hörte? Dieses Krachen, als ob ein Ungeheuer gierig Knochen zermalmte? Constable Harris verlor etwas von seiner Selbstsicherheit. Da sah er einen kleinen Jungen, der in höchster Not über die Straße rannte, als suche er Hilfe. Doch ein Blick auf die blaue Uniform – und schon schlug er einen Haken wie ein gehetzter Hase und verschwand im Gebüsch.

Constable Harris hatte keine Zeit, sich um das Bürschchen zu kümmern. Er rannte zum Steinbruch. Als er ihn erreicht hatte, brannte der ganze ausgedörrte wild verwachsene Grund hell wie ein Strohfeuer.

Gaylord war in seinem ganzen Leben niemals so übel gewesen. Da hatte er friedlich in seinem Steinbruch gesessen und vergnügt die Zigarre geraucht, als plötzlich die Erde zu schwanken begann und auf und nieder wogte wie ein Schiff im Sturm. Gaylords Stirn war naß. Seine Zunge fühlte sich an wie Löschpapier. Er konnte sich nicht vorstellen, daß man so eine Übelkeit überleben konnte. Nein, bestimmt nicht. Er würde ganz sicher hier liegenbleiben und sterben. Ob sie wohl seine Leiche finden würden? Es konnte Monate dauern. Vielleicht war er bis dahin von Würmern zerfressen wie neulich die tote Katze...

Das konnte unmöglich von der Zigarre kommen. Opa rauchte den ganzen Tag, und ihm wurde nie schlecht. Nein, bestimmt hatte er eine fürchterliche Krankheit. Vielleicht war es die Pest. Die Lehrerin hatte doch gesagt, die Pest käme mit der großen Hitze. Aber wenn es die Pest war, dann würden sie sich alle anstecken, und kein Mensch würde übrigbleiben, um ihn zu suchen, und er würde zu einem Gerippe vermodern. Diese Vorstellung war erheblich angenehmer als der Gedanke an die tote Katze, und er fühlte sich gleich ein wenig besser.

Aber ganz egal, was es war – die Zigarre wollte er doch wohl lieber nicht zu Ende rauchen. Im Gegenteil, er konnte sie nicht rasch genug wegwerfen. Pestkranke rauchten keine Zigarren.

Er fand ein schattiges Fleckchen, legte sich nieder und schloß die Augen, zum letztenmal, wie er vermutete. Aber kaum hatte er es sich gemütlich gemacht, als er ein leises Knacken hörte, so als ob sich wilde Tiere näherten. Ist ja egal, dachte er, ob ich an der Pest sterbe oder von wilden Tieren gefressen werde. Doch in seiner angeborenen Neugier wollte er wenigstens noch erfahren, von welchen wilden Tieren er denn nun gefressen werden würde. Obwohl es ihm schwerfiel und der Kopf entsetzlich weh tat, öffnete er die Augen. Und da sah er, daß das Unterholz munter brannte.

Wacker machte er sich daran, die Flammen auszutreten. Aber er hätte ebensogut versuchen können, sie mit einer Tasse Wasser zu löschen. Hier gab es nur eins: Wegrennen und Hilfe holen.

Dabei war ihm gar nicht nach Rennen zumute. Außerdem hatte er das elende Gefühl, daß er diesmal in einem Maß ins Kreuzverhör genommen werden würde, wie er es noch nie erlebt hatte. Trotzdem rannte er los – und um ein Haar direkt einem Polizisten in die Arme! Die Aussicht auf ein Verhör durch Opa und Mummi war gerade noch zu ertragen, zumal er wußte, daß es unvermeidlich war. Aber dazu auch noch die Polizei? Nein, das konnte er nicht. In Rekordzeit verschwand er im Gebüsch.

«Ich höre, Sie haben das Feuer inzwischen unter Kontrolle», sagte der Sergeant. «Was haben Sie denn da gemacht, Harris? Wohl gemütlich ein Zigarettchen geraucht, was?»

«Sie wissen genau, daß ich nicht rauche», sagte Harris entrüstet.

«Wie haben Sie denn dann die Feuersbrunst zustande gebracht?» Der Sergeant gehörte zu den Leuten, die sich mit Vorliebe auf Kosten anderer lustig machen.

«Ich war's nicht. Mir scheint, da steckt ein kleiner Junge dahinter. Ich habe ihn noch auf der Straße wegrennen sehen.»

«Haben Sie sich mit ihm unterhalten?»

«Nein. Ich hatte etwas Wichtigeres zu tun. Ich habe mir den Schaden angesehen und dann sofort Hilfe geholt.»

«Scheint ja ein beliebtes Plätzchen zu sein, dieser Steinbruch», sagte der Sergeant. «Kleine Jungs, Würger. Übrigens, ich dachte, Sie wollten sich Beweismaterial beschaffen?»

«Wie konnte ich denn, verdammt noch mal, wo der ganze Platz in Flammen aufgegangen ist?» sagte der Constable ärgerlich.

Nun war der Spaß aber vorbei. «Das reicht jetzt. Wir wollen hier keine Insubordination, Constable Harris.» Der Sergeant war verschnupft. Kaum machte man mal einen kleinen Scherz mit diesen jungen Kerlen, und schon nahmen sie sich etwas heraus.

Die Fragen prasselten auf Gaylord hernieder, daß es nur so eine Art hatte.

«Ich habe dir erlaubt, meine Zigarre zu rauchen», sagte Opa. «Aber nicht, die gesamte Nachbarschaft in Brand zu stecken.»

«Du hast gesagt, er dürfe eine Zigarre rauchen?» schrie May entgeistert. «Ich muß mich sehr über dich wundern, Schwiegervater. Es fiel mir ja gleich auf, daß der Junge ganz elend aussah.»

«Das kommt nicht von der Zigarre», sagte Gaylord. «Ich glaube, ich habe die Pest.» Und dann durchzuckte ihn ein Gedanke, so köstlich und strahlend wie ein Sonnenaufgang. «Emma wird wohl besser nicht hierher zurückkommen, wenn ich die Pest habe», sagte er. «Willst du ihr nicht lieber sofort ein Telegramm schicken und sie warnen, Mummi?»

Aber Mummi hörte nicht zu. «Natürlich kommt es von der Zigarre. Wie kann man ein Kind in diesem Alter rauchen lassen! Das ist einfach grausam.»

«Emma dortbehalten. Gaylord hat Pest», schlug Gaylord vor.

«Ich wette, der raucht so bald nicht wieder.» Opa kicherte. Dann wurde er ernst. «Aber verflixt noch mal, er kann nicht einfach hingehen und die ganze Landschaft in Brand stecken.»

«Dann hättest du ihm besser keine Zigarre aufdrängen sollen», sagte Mummi.

Opa fuhr wütend herum. «Na, erlaube mal, May. Dein Sohn brennt wertvolles Waldland ab, und dann soll ich schuld sein. Nun hör sich doch einer diesen Unsinn an.»

«Wertvolles Waldland», sagte Mummi höhnisch. «Ein Haufen alter Brombeerbüsche.»

«Ich hab sie nicht abgebrannt», sagte Gaylord.

«Nein?» sagte Opa mit unverhohlenem Sarkasmus.

«Natürlich hast du das gemacht», rief Mummi.

Gaylord war sprachlos. Eben noch war Mummi zu seiner größten Überraschung auf seiner Seite gewesen. Und nun machte sie plötzlich eine Kehrtwendung, mit einer Geschwindigkeit, die einem glatt den Atem nahm. Aber das war wieder mal typisch Mummi. «Das schafft schon eine Glasscherbe», erklärte er. «Die Sonne scheint durch wie durch ein Brennglas, und dann setzt sie ein Blatt in Brand, und das Blatt setzt einen Zweig in Brand, und der Zweig setzt einen Ast in Brand und...» Er war so richtig schön in Fahrt gekommen. Aber Opa brachte ihn wieder auf die Erde zurück. «Dann war es also schiere Koinzidenz, daß der Steinbruch ausgerechnet zu brennen anfing, als du da deine Zigarre geraucht hast?»

«Was ist Koinzidenz?»

«Das heißt, die beiden Ereignisse standen in keiner kausalen Beziehung zueinander.»

«In keiner?» fragte Gaylord, ganz aus dem Konzept gebracht.

«Verdammt, das will ich ja gerade von dir wissen», brüllte Opa los.

«Was ist kausal?»

Jocelyn war am Vormittag in der Stadt gewesen und kam in diesem Augenblick herein. Er fühlte sofort, daß hier dicke Luft war. Aber er kam selbst mit Neuigkeiten. «Ich glaube, im alten Steinbruch hat es gebrannt», sagte er aufgeregt.

Er handelte sich damit einen vernichtenden Blick seines Vaters ein. «Und wir haben etwas davon läuten hören», sagte Opa gehässig, «daß es auch in London gebrannt hat – so um 1666, glaube ich.»

«Also mit anderen Worten – ihr wußtet es schon?»

«Liebling, es war Gaylords Politik der verbrannten Erde»,

sagte Mummi. «Dein Vater hat ihn in den Steinbruch geschickt, um dort eine Zigarre zu rauchen, und selbstverständlich hat er dort alles in Brand gesetzt.»

«Aber sie waren doch gar nicht kausal», sagte Gaylord.

«In seinem Alter sollte man noch keine Zigarren rauchen», sagte Paps.

«Das solltest du deinem Vater klarmachen», sagte Mummi. «Er hat ihm eine ganze Handvoll von den Dingern aufgeschwatzt.»

«*Eine* hatte ich ihm gegeben, und die hatte ich schon halb geraucht», sagte Opa.

«Wie abscheulich», sagte Mummi.

«Paps, ich habe die Pest», sagte Gaylord.

Jocelyn sagte: «Ich bin doch sehr erstaunt über dich, Vater. Dem Jungen hätte schlecht werden können.»

«Ist ihm geworden», sagte Opa. «Sehr schlecht sogar.»

«Paps, ich finde, es wäre besser, wenn Emma nicht wiederkäme. Du willst doch nicht, daß sie auch die Pest kriegt, oder?»

«Und hat es nun wirklich gebrannt?»

«Wie der Teufel», sagte Opa.

«Nun, ich sehe nicht recht, wie man nachweisen will, daß es Gaylord war. Es gäbe bestenfalls Indizien.»

«Das ist wieder typisch für euch Schriftsteller. Schmeißt mit großen Worten um euch, die ihr überhaupt nicht versteht. Überlaß das doch bloß den Juristen, um Himmels willen.»

«Unsere Lehrerin hat gesagt, in der Hitze würde man immer die Pest kriegen», sagte Gaylord. «Und sie sagt, sie sei furchtbar ansteckend.»

Mummi sagte: «Ich weiß wirklich nicht, wohin dieses Gespräch führen soll. Der Steinbruch brennt. Die ganze Versammlung ist sich ja anscheinend darüber einig, daß das alles Gaylords Schuld ist. Also was reden wir dann noch?»

«Es war nicht meine Schuld», sagte Gaylord.

«Wessen Schuld denn dann?» fragte Opa.

Paps sagte: «Entschuldige, Vater, wenn ich das sage: aber ich finde, es ist deine. Du hast es ja geradezu darauf angelegt.»

«Da haben wir's wieder», sagte Opa. «Dies Gespräch dreht sich im Kreise.»

Gaylord sagte: «Unsere Lehrerin hat gesagt, man müßte die Kleider von den Kranken in Essig tauchen. Mummi, wenn du meine Sachen alle in Essig tauchst, dann kriegen Paps und du vielleicht nicht die Pest.»

«Mach dir keine Sorgen, Liebling», sagte Mummi. «Ich denke, du wirst uns noch lange Zeit erhalten bleiben.»

Opa schnaubte. Vor ein paar Stunden noch hatte er sich auf einen stillen, friedlichen, besinnlichen Tag gefreut. Er hätte es besser wissen müssen. Solange Gaylord in der Nähe war, waren solche Hoffnungen trügerisch, um es noch milde auszudrücken.

JOSEF MARTIN BAUER

Enkel muß man haben

Herr Bloemsma aus Utrecht, mein holländischer Verleger, hat in der Frage der Enkel-Erziehung meinen Charakter total verdorben. Seit er mich zum erstenmal besucht hat, wird in allen Fällen von Inkonsequenz auf ihn verwiesen: Herr Bloemsma hat auch gesagt, man soll bei Enkelkindern...

Und so weiter.

Herr Bloemsma hat zuerst die bayerischen Berge angesehen und aus Gründen, die er mir sehr drastisch zu schildern wußte, die Flucht ergriffen, so hastig, daß er am frühen Vormittag schon aus Oberammergau kommend bei mir eintraf. Von mir zum Besichtigen meiner Rosen gezwungen, hat er unter lauter Rosen das Bündel weizenhellen Knabenhaares entdeckt, das die Auffindung des Knaben Spezi immer schon etwas erleichtert hat. Die Rosen sind in meinem Fall das Hobby aller Hobbys, doch das gute Auge des Holländers sah sehr bald, daß ich an der angefangenen Enkel-Sammlung nicht mit weniger Eifer und Liebe hing als an der Rosenherrlichkeit. Dabei ließe sich über meine Verrücktheit in Sachen Rosen einiges sagen.

«Enkel muß man haben», dozierte der liebenswerte Herr Bloemsma, «denn man braucht Enkel, um an ihnen all das zu tun und unterlassen zu dürfen, was man im Fall der eigenen Kinder nicht durfte. Man bekommt sie vor allem nur auf Zeit. In dieser Zeit verzieht man sie, bis von der strengen häuslichen Erziehung nicht mehr viel da ist, und wenn es dann nicht mehr geht damit, schickt man die Enkel wieder zurück. Man erlaubt ihnen so ziemlich alles, wofür man in der eigenen Jugend bestraft worden ist. Und man hat seine Freude, wenn alles bei diesen kleinen Menschen völlig anders ist als in der eigenen Kindheit. Man muß Enkel haben, weil man Kinder doch auch einmal so erziehen will, wie man sie nicht erziehen soll.»

Ein Großvater steht einem Enkel an Einfalt des Herzens bestimmt nicht nach. Es meint zwar sowohl der eine wie der andere, er sei dem anderen an Pfiffigkeit oder gar Lebensweisheit voraus, doch ist zumeist das Ringen darum, wer von den beiden im Buch der Weisheit den Finger an der überzeugenderen Stelle eingeklemmt hat, schon entschieden, bis ein Großvater im Überlegen an ein erstes Ziel gekommen ist. Herr Bloemsma lobt in schöner Begeisterung für die großväterliche Sache die Wonne dieser Jahre, in denen man so falsch erziehen darf, daß unweigerlich das Richtige herauskommen muß, er geht plaudernd zwischen Rasen und Rosen und kennt die eitle Schwäche des Rosenfreundes so genau, daß er in hohen Tönen ohne Falsett das Blühen lobt, die Arbeit anerkennt und nebenbei auch noch ein liebenswürdiges Wort des Lobes auf das letzte Buch einflicht. Der Spezi macht das ganz anders. Er stellt sich vor eine Rosenreihe und beugt sich in Schwabinger Halblangen mit leicht geknicktem Popözerl so entzückend über ein Bündel Polyanthablüten, daß das alte Herz förmlich schreit nach einem Fotogerät, um für alle Zeiten festzuhalten, daß ein Kind, das im menschlichen Leben noch gar nicht einzureihen ist, mit so wunderschöner Liebe an der Schönheit der Natur hängt, am Blühen, an der Pracht der Rosen, an ihrer Pracht und ihrem Duft. Wie ein Kavalier bester Schule, so ist er, dem die Hand einer Dame noch nichts bedeutet, sofern es nicht die Hand von Mama ist, von «meiner Mama», in die Haltung eines Handkusses versunken und atmet mit schöner Innigkeit den Wohlgeruch der Rose ein, die auf seiner patschigen Hand liegt wie die Hand einer bezauberend schönen Dame, einer Frau, jenes Schöpfungswerkes, das dem Knaben ein bewunderndes «Wau» entlockt hat. Ein Schuft ist er. Ein Heuchler. Ein Komödiant. Die «Dagmar Spaeth» hat keinen Duft. Die «Schweizer Gruß» auch nicht. Welche Polyantha, welche Floribunda, und wäre sie noch so üppig von Schönheit, zeichnet sich schon durch einen vernehmlichen Duft aus? Dieser Heuchler riecht ja gar nicht. Er stellt lediglich ein lebendes Bild «Der kleine Rosennarr» und läßt es offen, wer da der Narr ist. Ihm ist es klar. Mir auch. Er weiß, wieviel mir an den Rosen gelegen ist. Er hat mir schon oft zugesehen, wie ich meine Knechtsarbeit an den Rosen verrichtet habe, die schwerste und blutigste Arbeit, die ich mir freiwillig auferlegt habe, damit ich es mit zerschundenen Händen hernach leichter und lieber an der Schreibmaschine aushalte. Er kennt den Rosenkatalog von Kordes und scheint zu wissen, daß er um etwa die Jahresmitte mein Brevier ist. Und nach aller Kenntnis meiner Schwäche beugt er sich in ein Rosenbeet und riecht, das ganze Gesicht zwischen die Blüten gedrückt, an jenem Rosenduft, den es nicht gibt.

Opa bumm.

Übersetzt heißt das: Der Großvater ist dumm.

Warum soll ich es dem jungen Herrn abstreiten, daß seine Feststellung auf den bekannt soliden Boden der Tatsachen gefallen und dort aufgegangen ist zu reifen Erkenntnissen, die der dumme Opa in aller Wahrheitsliebe belächelt, wenn nicht gerade der Spezi als Zeuge in der Nähe ist. Dabei hat ihm die Großmutter seine Heuchelei noch länger abgenommen als ich. Sie aber ist nicht dumm, sondern hat eine ganz andere Schwäche. Von der Zeit an, da wir unseren hundertsten Geburtstag gefeiert haben, die Jahre, Monate und Tage der beiden Ehekontrahenten peinlich genau addiert, hat es sich nicht mehr verhindern lassen, daß meine leichte Lebensgefährtin, die zwei Drittel ihres Erdenlebens mit einem Gewicht unter der Fünfzigkilogrenze verbracht hat, um eine

Kleinigkeit über die fünfzig Kilo geraten ist. Weder ist sie voluminös noch eitel. Aber ein so schlitzohriger Lausbub wie Spezi kennt, ohne daß ihm je davon Mitteilung gemacht wird, die Schwächen, und mit bübischer Hand haut er in die Kerbe, wenn er seine Großmutter zu ärgern versucht: Oma dick. Tut die beschimpfte Oma dann so, als wäre sie gekränkt, so revoziert er: Oma dünn! Oma dünn!

Mit einem solchen Charakterhelden muß man sich herumschlagen, wann immer das Stadtklima als ungünstig empfunden wird, wann je der Vater irgendwo einen Vortrag zu halten hat, wann auch in der Schweiz oder an der Costa Brava oder in Andalusien irgendwo das Kunsthistorische mit dem Bedürfnis nach Urlaub gemixt wird oder wann, was noch häufiger eintritt, die Oma ihren Verzicht auf die eigenen Kinder ein bissel damit wettzumachen versucht, daß sie diese Leihgabe ins Haus nimmt.

Der Knabe, der bei uns schon seinen zweiten Wohnsitz hatte, als sich seine Fortbewegung noch auf allen vieren vollzog, wurde im fünften Stockwerk der großstädtischen Wohnung zum Elternschreck, als er sich einmal fortzubewegen verstand, ohne auf mehr als zwei Extremitäten angewiesen zu sein.

Seine Fortbewegung war, sobald der Oberbau wackelnd auf dem Unterbau von Zimmer zu Zimmer spediert werden konnte, auf ungehemmtes Tempo abgestellt, wie er denn überhaupt ein einziger Wirbel von Eile war, solange wir uns seiner erinnern. Im fünften Stockwerk ging das einfach nicht: heraus aus der Wohnung, die sechs Meter bis zur Treppe in gewagtem Tempo zurückgelegt und dann den Versuch gemacht, ob es lohnend war, den Weg über die Treppe nach unten ebenfalls in dieser Geschwindigkeit zurückzulegen. Das Ende dieser Versuche war so, daß an dem ganzen Burschen sich kaum noch ein Fleckchen finden ließ, das nicht blau oder von dem schmutzigen Blau her ins Grünlich-Gelbe verfärbend Zeugnis wüster Stürze gewesen wäre.

«Meinst du nicht auch, daß wir Spezi wieder zu uns herausnehmen sollen?»

Jaja. Ich meinte es natürlich auch.

«Bei uns ist alles viel ungefährlicher.»

Natürlich war es bei uns nicht so gefährlich, vom Arbeitszimmer abgesehen, das erheblich darunter litt, daß der Spielbetrieb des jungen Herrn alles in Spielzeug umdeutete, was da stand. Eine Brieftasche mit Korrespondenz oder ähnlichem ließ man sowieso nie mehr liegen. Aber es ließ sich auch jedes andere beschriebene oder unbeschriebene Papier durch ein paar Blaustiftstriche unbrauchbar machen. Die Briefwaage wurde zertrümmert. Der Tintenlöscher erwies sich zum Zuhauen als sehr geeignet. Die Heftmaschine fand auch dann noch keine Ruhe, als eine Klammer mit beiden Klauen durch einen Finger gedrungen war. Mit dem Brieflocher ließen sich Konfetti herstellen. Daß verschiedenfarbiges Papier die Produktion von Konfetti interessanter machte, brachte ich ihm bei. Opa bumm. Das rächte sich bitter. Ich mußte mit Wasserblasen an den Handballen immer noch Konfetti fabrizieren, da Spezi grundsätzlich in keiner Tätigkeit je ermüdet. Er wurde auch des Ausstreuens der Konfetti nicht müde. War es an der Zeit, das Erzeugte unter die Leute zu bringen, dann hatte meine Frau die Mühe damit, diese winzigen Schnipsel wieder einzufangen. Die Vorwürfe blieben natürlich an mir hängen.

Die Vernichtungsorgien mit dem Kleininventar meines Arbeitszimmers blieben jedoch den Schlechtwettertagen vorbehalten. Was sollte Spezi da auch anderes tun, als von Zimmer zu Zimmer gehen, vielmehr laufen, und in jedem die Spuren seiner Tätigkeit zurücklassen? Vom Arbeitszimmer, das in Spezis damaliger Sprache Arbeiti hieß, gingen die Zeichen des Evangeliums vom letzten Sonntag nach Pfingsten weiter ins Wohni. Die Küche war sowieso reserviertes Zerstörungsgebiet. Tiegel, Häfen, Siebe und Tranchierbrett gingen an ihn über. Schön in Reichnähe stehen bei uns stets die Eier. Und ich kann es nun einmal nicht so entsetzlich finden, wenn ein Kind auf dem rot-weiß karierten Pflaster Rührei herstellt unter fröhlichem Hinknallen der Eier, denn ich hätte als Kind daran ebenso meine Wonne gehabt. Eier sind ja wie zur Versuchung geschaffen, genau in der einer Kinderhand entsprechenden Größe, die Schale gerade so fest, daß der Forscherdrang angeregt wird, und das Ergebnis des Wissensdranges dann soooo gelb. Ich durfte als Kind nicht so, wie das Herz wollte. Spezi durfte auch nicht. Aber die groß-elterliche Einfalt, zu verständnisinnigem Schmunzeln unter einer Suada bitter tadelnder Worte nicht zu einfältig, kam fast regelmäßig um etwa ein Ei zu spät. Dem Knaben wurden dann zwar mit aller Heftigkeit die Verweise an den Kopf geworfen, doch der Sünder kehrte den Spieß um und ging tiefgekränkt von dannen, vielleicht ins Schlafi oder an-derswohin, uns Nörgler mit fingertiefen Gewissensbissen zurücklassend, weil wir auf das Herz eines Kindes wieder einmal so gar nicht gefühlvoll eingegangen waren. Mir selbst mußte ich sowieso alle Eignung zum Einfühlen in eine so zarte Seele absprechen, denn mein cholerisches Temperament ging mit dem ganzen Gefährt durch. Ich bin, zugegeben, Choleri-ker. Ein trübes Wölkchen kann mich so furibund machen, daß ich zuweilen sogar recht heilige Namen und Formeln miß-brauche, um sie mit zornbebender Stimme hinzuknattern. Ich nenne dann ein Kind mit unschuldiger Seele ganz anders. Einen Knaben, der strahlend und eidotterig von oben bis unten vor mir steht, stolz, vorzuzeigen, was man mit ein paar Eiern für eine Riesenschweinerei machen kann, nenne ich beispielsweise dann einen Saubären. Nachdem ich am Land aufgewachsen bin und als Knabe den Mist von selbigen in Mengen hinausschaffen mußte, wo sie zu gut durchwachse-nen Schweinebraten heranwuchsen, habe ich im Gedächtnis behalten, was unter einem Saubären zu verstehen ist. Das wäre nie schlimm gewesen, wenn ich nicht solche Worte zum Zweck des Beschimpfens mein Leben lang immer wieder gebraucht hätte, leider obendrein auch noch bereit, den zu beschimpfenden Personen solch herabwürdigende Worte direkt ins Gesicht zu sagen. Das hat mir verhältnismäßig wenige Freundschaften eingetragen. So viel zu den Beschimpfungen, die anzuwenden ich auch dort für richtig finde, wo ich ohne weiteres zugeben muß, daß ich am liebsten auch das Gelbe vom Ei zwischen den Fingern glitschen lassen möchte, weil ich es als Kind ja auch nicht durfte. Herr Bloemsma aus Utrecht kennt die Sachlage.

An den warmen und zum Verlassen des Hauses einladenden Tagen haben wir uns beim Hellwerden schon in den Betten glücklich gepriesen, daß wir am Land leben dürfen, wo der Mensch mit der Natur leben kann, wo zwischen Zimmer und Garten praktisch keine trennende Grenze ist, daß wir unserem Spezi dieses gefahrlose Landleben bieten können, daß alles bei uns ziemlich eben angelegt ist, sofern einer nicht meint, er müsse den Garten vollends ausgehen, der nun leider – leider, was die ungefährdete Existenz von Enkeln betrifft – in Terrassen angelegt ist. Nachdem wir davon schwärmerisch gesprochen hatten, hoben wir Spezi aus seinem Bettchen, und ich nehme hinterher doch an, daß wir es all diesen angenehmen Gegebenheiten zum Trotz niemals an der Sorgfalt fehlen ließen, auf die ein Kind Anspruch hat.

Wenn es trotzdem schon vor acht Uhr morgens dem jungen Herrn gelang, zwei bis drei Stürze auf rauhem Hofpflaster hinzulegen, so lag dies an Spezis Tempo. Er stand auf und begann zu rennen. Das Rennen wurde mittags jeweils unterbrochen durch einige Stunden Schlaf und währte sodann bis zum abendlichen Eintreiben. Außer durch den Mittagsschlaf und die unumgänglichen Mahlzeiten wurde es unterbrochen durch die Zeiten, in denen Blut von Knien, Händen, Stirn, barfüßigen Zehen oder Ellbogen abzuwaschen und Hansaplast aufzulegen war. Wenn muntere Reden diese Pflasterauflegungen begleiteten, Reden voller Klugheit und Erfahrung des höheren Alters, Reden etwa des Sinnes, daß der

34

Mensch doch nicht geschaffen sei zu immerwährendem Laufen und Rennen, so durfte angenommen werden, daß der Vielgeplagte sich endlich merkte, welches Tempo dem Weiterexistieren eines kindlichen Körpers dienlich war. Doch er glitt, diese Ermahnungen gehört habend, von den Knien, ließ sich eben noch zur Not die Tränen abwischen und sauste wieder von dannen.

Sobald Spezi in jenem Lebensabschnitt von dannen rannte, wußten wir Großeltern, daß nach spätestens zehn Sekunden der Lauf wieder in Fall und Schrei endete. Als intelligenter Knabe begriff er die großväterliche Ermahnung, er möge insonderheit vorsichtig sein, wenn er vom Hofplatz hinauslaufe auf die Straße. Wo das Tor beim Schließen auf eine Rast gleiten muß, ragt natürlicherweise bei geöffnetem Tor das Eisen etliche fünf Zentimeter hoch aus dem Pflaster. Man kann selbstverständlich links an diesem Eisen vorbeigehen, denn dafür stehen hundertzwanzig Zentimeter zur Verfügung. Man kann es noch leichter rechts, wo der doppelte Raum verfügbar ist. Man kann natürlich auch über das Rasteisen laufen. Spezi tat grundsätzlich nur dies und fiel viel auf das Pflaster. Damit er nicht mehr so viel fiel, klärte ich ihn auf. Ich kann das recht gut. Manchmal habe ich sogar eine Menge Geduld dazu. Sogleich nach der Aufklärung kam jemand zu uns, den Spezi außerhalb des Tores mit der Warnung empfing, er möge achtgeben auf dieses heimtückische Eisen. Der Besucher gab acht. Spezi jedoch sauste mit Vehemenz vom Aufklärungsvortrag zurück und genau über das Eisen hinweg. Der missetätige Fuß blieb zurück, während der übrige Spezi nach vorn strebte. Das Streben endete mit einer Bremsspur auf dem Pflaster.

Mir ist heute noch nicht klar, wie wir den Buben über diese Zeit des hemmungslosen Laufens gebracht haben.

Unser größter Stolz war es ja schon, als wir ihn einmal über volle vier Wochen gebracht hatten. Die Herren Eltern hielten sich zu umfangreichen Studien in Spanien auf, beim Eintreffen von Post nie Gutes ahnend, denn sie kannten ihren Renner so gut wie wir. Vier Wochen lang fiel Spezi lediglich das obligatorische Quantum, das keine zu großen Schäden hinterließ oder nur Kleiderschäden. Bei Autos nennt man das Blechschäden. Für die Defekte an der Umhüllung kamen wir auf, und die Schrammen darunter deckte eine schmucke Bekleidung. Man mußte nicht unbedingt die Schienbeine besehen oder sonstige bei Karambolagen besonders exponierte Partien, dann machte der Kerl einen annähernd kompletten Eindruck. Und zum Empfang der werten Eltern trug der Bursch bereits die Empfangskleidung, die weitreichend zu verhüllen wußte, was blau und geschrammt war. Da er bei aller Liebe zum großelterlichen Hort der Freizügigkeit innig an seinen Eltern hängt, zog er am späten Nachmittag seine Kreise immer enger um die Zufahrt, da er Máma und Papa (die Betonung liegt jeweils auf dem ersten a) schon erschauen wollte, sobald sie hundert Meter von unserer Zaunecke über den Buckel hopsten, den unser Feldsträßlein dort macht. Als sie endlich kamen, mit allem Schönen aufgeladen, was man einem Kind an Freude mitbringen kann, war es für alle zu spät. Weder stand der Knabe mehr wartend am Tor, noch lief er den Heimkehrenden entgegen, noch suchte er forschend via Nase verschämt das Gehirn zu erreichen, wie Kinder es sonst tun, wenn die Verlegenheit der Freude ihnen alle Möglichkeit zu anständigem Benehmen geraubt hat. All jene Flegeleien, die ein Großvater so gut versteht, unterblieben. Der Empfang war trist und blutig.

Wenige Augenblicke vor dem Einpassieren der braun und verbeult von der großen Reise gezeichneten Eltern nämlich war es geschehen. Genau das war geschehen, was ein Unmaß an Aufsicht und Sorgfalt vier Wochen lang zu verhindern gewußt hatte. Die leidenschaftliche Erwartung des Knaben hatte ihre Kreise gezogen zwischen Hofplatz und Straße. Das Tempo war Spezis übliches Tempo gewesen, unmöglich zu dämpfen durch die großelterlichen Zwischenrufe: Langsam,

Spezi, langsam! Bei solchem Tempo hatte das Rasteisen des Hoftores den Renner gestoppt. Der nicht an dem verruchten Fangeisen hängengebliebene Teil des Buben war bei seinem Tempo geblieben und in der ganzen Länge hingeschlagen auf die Straße.

Die etwas tapsigen und in Erwartung der Spanienreisenden nun sehr nervös gewordenen Großelternhände wischten mit der gebotenen Eile um ein heulendes und blutüberströmtes Loch herum Blut und Schmutz ab, bis das heulende Loch zu einem kindlichen Mund wurde und die Umgebung des Mundes wieder eine gewisse Ähnlichkeit mit einem menschlichen Gesicht bekam. Ein Gesicht wurde nach und nach wieder aus der Verwüstung, die der Straßenschmutz da angerichtet hatte, aber als sich alle Partien des Gesichtes wieder etwas sauber vorzeigten, fand sich in der Haut an der Stirn ein spitzer kleiner Kiesel, der sogar einer Pinzette eine Weile trotzte, ehe er sich herausziehen ließ.

So ging denn die Übergabe des Knaben in einiger Bedrücktheit vor sich. Mein Sohn Hermann gab einen schönen spanischen Leuchter, einen Wandleuchter aus Schmiedeeisen, gegen seinen Sohn Georg. Während der Leuchter sauber und ohne Schaden aus dem Papier kam, war unsere Gegengabe defekt von oben bis unten, unten die Zehenspitzen angeschlagen, oben die Stirn kräftig gezeichnet an der Stelle, aus der wir kurz vorher den Stein gepickt hatten. Zwischen Zehen und Stirn war alles, was überhaupt angeschlagen werden konnte, von Stürzen und Remplern gezeichnet, nur von kleinen und unbedeutenden, die niemand der Erwähnung für wert befunden hätte, wenn es uns gelungen wäre, Spezi ohne Loch im Schädel zu überreichen. Doch man kannte die innere Motorisierung des Burschen, und die Eltern waren mit uns hoffnungslos davon überzeugt, daß niemand in der Lage war, den Hebel je zu finden, mit dem sich das Perpetuum mobile abstellen ließ. Die Heimkehr mußte gefeiert werden, ehe Hermann und Sanna sich auf den Heimweg in die Stadt machten. Während wir feierten, drehte Spezi draußen wieder seine Runden, die Stirn verpflastert und die Beine wie stets etwas schlampig eingehängt. Die Geschwindigkeit stieg von neuem an. Es war kein Warner in der Nähe, da wir ja Wiedersehen feierten. Aber auch ein Warner hätte es kaum aufgehalten, daß eine der forsch gelaufenen Runden wiederum auf dem Beton des Pflasters endete, wiederum mit herrlichem Geschrei, wiederum mit Blut und Tränen.

Da bei Kindern alle Schrammen schnell verheilen, war Spezi so ziemlich ganz, als wir ihn wieder anvertraut bekamen.

Mein Doktor freilich, als ich mit dem Knaben an der Hand in die Sprechstunde kam, um mir Strophanthin spritzen zu lassen, nannte den weißschopfigen Knaben an meiner Seite meinen Sargnagel.

Zu einem Sarg, bis er seinen Zweck endgültig erfüllt, gehören aber zum mindesten sechs, wenn nicht acht Nägel. Für mich also blieb zu hoffen, daß ich noch über viel Strecke kommen würde, da sich die acht Sargnägel, also noch sieben weitere, nicht so schnell beschaffen ließen.

HERMANN HESSE

Mit der Reife
wird man immer jünger

Daß die jungen Leute sich gerne ein wenig zeigen, und daß sie dabei einiges wagen dürfen, was die Alten nimmer mitmachen können, das ist am Ende nicht unerträglich. Schlimm aber wird die ganze Sache erst in dem unseligen Augenblick, wo der Alte, der Schwache, der Konservative, der Kahlkopf, der Anhänger der alten Mode dies auf sich persönlich bezieht und sich sagt: Sicher tun sie das nur, um mich zu ärgern! Von diesem Augenblick an wird die Sache unerträglich, und der so Denkende ist verloren.

Mir ist das Betonen und Organisieren der Jugend nie sympathisch gewesen; es gibt eigentlich jung und alt nur unter den Dutzendmenschen; alle begabten und differenzierteren Menschen sind bald alt, bald jung, so wie sie bald froh, bald traurig sind. Sache der Älteren ist es, freier, spielender, erfahrener, gütiger mit der eigenen Leistungsfähigkeit zu verfahren, als Jugend es tun kann. Alter findet immer leicht die Jungen altklug. Aber Alter ahmt selber immer gern die Gebärden und Arten der Jugend nach, ist selber fanatisch, ist selber ungerecht, ist selber alleinseligmachend und leicht beleidigt. Alter ist nicht schlechter als Jugend, Lao Tse ist nicht schlechter als Buddha. Blau ist nicht schlechter als Rot. Alter wird nur gering, wenn es die Jugend spielen will.

Großväter
sind
lebendige
Erinnerung

Bild des Großvaters

Vor didaktischen und pädagogischen Bedrängnissen flüchteten wir gewöhnlich zu den Großeltern. Ihre Wohnung lag auf der Friedberger Gasse und schien ehmals eine Burg gewesen zu sein: Denn wenn man herankam, sah man nichts als ein großes Tor mit Zinnen, welches zu beiden Seiten an zwei Nachbarhäuser stieß. Trat man hinein, so gelangte man durch einen schmalen Gang endlich in einen ziemlich breiten Hof, umgeben von ungleichen Gebäuden, welche nunmehr alle zu einer Wohnung vereinigt waren.

Gewöhnlich eilten wir sogleich in den Garten, der sich ansehnlich lang und breit hinter den Gebäuden hin erstreckte und sehr gut unterhalten war; die Gänge meistens mit Rebgeländer eingefaßt, ein Teil des Raums den Küchengewächsen, ein andrer den Blumen gewidmet, die vom Frühjahr bis in den Herbst, in reichlicher Abwechslung, die Rabatten so wie die Beete schmückten. Die lange gegen Mittag gerichtete Mauer war zu wohl gezogenen Spalier-Pfirsichbäumen genützt, von denen uns die verbotenen Früchte den Sommer über gar appetitlich entgegenreiften. Doch vermieden wir lieber diese Seite, weil wir unsere Genäschigkeit hier nicht befriedigen durften, und wandten uns zu der entgegengesetzten, wo eine unabsehbare Reihe Johannis- und Stachelbeerbüsche unserer Gierigkeit eine Folge von Ernten bis in den Herbst eröffnete. Nicht weniger war uns ein alter, hoher, weitverbreiteter Maulbeerbaum bedeutend, sowohl wegen seiner Früchte als auch, weil man uns erzählte, daß von seinen Blättern die Seidenwürmer sich ernährten.

In diesem friedlichen Revier fand man jeden Abend den Großvater mit behaglicher Geschäftigkeit eigenhändig die feinere Obst- und Blumenzucht besorgend, indes ein Gärtner die gröbere Arbeit verrichtete. Die vielfachen Bemühungen, welche nötig sind, um einen schönen Nelkenflor zu erhalten und zu vermehren, ließ er sich niemals verdrießen. Er selbst band sorgfältig die Zweige der Pfirsichbäume fächerartig an die Spaliere, um einen reichlichen und bequemen Wachstum der Früchte zu befördern. Das Sortieren der Zwiebeln von Tulpen, Hyazinthen und verwandter Gewächse sowie die Sorge für Aufbewahrung derselben überließ er niemandem; und noch erinnere ich mich gern, wie emsig er sich mit dem Okulieren der verschiedenen Rosenarten beschäftigte. Dabei zog er, um sich vor den Dornen zu schützen, jene altertümlichen ledernen Handschuhe an, die ihm beim Pfeifergericht jährlich in Triplo überreicht wurden, woran es ihm deshalb niemals mangelte. So trug er auch immer einen talarähnlichen Schlafrock und auf dem Haupt eine faltige schwarze Samtmütze, so daß er eine mittlere Person zwischen Alkinous und Laertes hätte vorstellen können.

Alle diese Gartenarbeiten betrieb er ebenso regelmäßig und genau als seine Amtsgeschäfte: Denn eh er herunterkam, hatte er immer die Registrande seiner Proponenden für den anderen Tag in Ordnung gebracht und die Akten gelesen. Ebenso fuhr er morgens aufs Rathaus, speiste nach seiner Rückkehr, nickte hierauf in seinem Großvaterstuhl, und so ging alles einen Tag wie den andern. Er sprach wenig, zeigte keine Spur von Heftigkeit; ich erinnere mich nicht, ihn zornig gesehen zu haben. Alles, was ihn umgab, war altertümlich. In seiner getäfelten Stube habe ich niemals irgendeine Neuerung wahrgenommen. Seine Bibliothek enthielt außer juristischen Werken nur die ersten Reisebeschreibungen, Seefahrten und Länderentdeckungen. Überhaupt erinnere ich mich keines Zustandes, der so wie dieser das Gefühl eines unverbrüchlichen Friedens und einer ewigen Dauer gegeben hätte.

Was jedoch die Ehrfurcht, die wir für diesen würdigen Greis empfanden, bis zum Höchsten steigerte, war die Überzeugung, daß derselbe die Gabe der Weissagung besitze, besonders in Dingen, die ihn selbst und sein Schicksal betrafen. Zwar ließ er sich gegen niemand als gegen die Großmutter entschieden und umständlich heraus; aber wir alle wußten doch, daß er durch bedeutende Träume von dem, was sich ereignen sollte, unterrichtet werde. So versicherte er z. B. seiner Gattin zur Zeit, als er noch unter die jüngern Ratsherren gehörte, daß er bei der nächsten Vakanz auf der Schöffenbank zu der erledigten Stelle gelangen würde. Und als wirklich bald darauf einer der Schöffen vom Schlage gerührt starb, verordnete er am Tage der Wahl und Kugelung, daß zu Hause im stillen alles zum Empfang der Gäste und Gratulanten solle eingerichtet werden, und die entscheidende goldne Kugel ward wirklich für ihn gezogen. Den einfachen Traum, der ihn hievon belehrt, vertraute er seiner Gattin folgendermaßen: Er habe sich in voller gewöhnlicher Ratsversammlung gesehen, wo alles nach hergebrachter Weise vorgegangen. Auf einmal habe sich der nun verstorbene Schöff von seinem Sitz erhoben, sei herabgestiegen und habe ihm auf eine verbindliche Weise das Kompliment gemacht, er möge den verlassenen Platz einnehmen, und sei darauf zur Türe hinausgegangen.

Etwas Ähnliches begegnete, als der Schultheiß mit Tode abging. Man zaudert in solchem Falle nicht lange mit Besetzung dieser Stelle, weil man immer zu fürchten hat, der Kaiser werde sein altes Recht, einen Schultheißen zu bestellen, irgendeinmal wieder hervorrufen. Diesmal ward um Mitternacht eine außerordentliche Sitzung auf den andern Morgen durch den Gerichtsboten angesagt. Weil diesem nun das Licht in der Laterne verlöschen wollte, so erbat er sich ein

Stümpfchen, um seinen Weg weiter fortsetzen zu können. «Gebt ihm ein ganzes», sagte der Großvater zu den Frauen, «er hat ja doch die Mühe um meinetwillen.» Dieser Äußerung entsprach auch der Erfolg: Er wurde wirklich Schultheiß; wobei der Umstand noch besonders merkwürdig war, daß, obgleich sein Repräsentant bei der Kugelung an der dritten und letzten Stelle zu ziehen hatte, die zwei silbernen Kugeln zuerst herauskamen, und also die goldne für ihn auf dem Grunde des Beutels liegen blieb.

Völlig prosaisch, einfach und ohne Spur von Phantastischem oder Wundersamem waren auch die übrigen der uns bekannt gewordenen Träume. Ferner erinnere ich mich, daß ich als Knabe unter seinen Büchern und Schreibkalendern gestört, und darin unter andern auf Gärtnerei bezüglichen Anmerkungen aufgezeichnet gefunden: «Heute nacht kam N. N. zu mir und sagte . . .» Name und Offenbarung waren in Chiffern geschrieben. Oder es stand auf gleiche Weise: «Heute nacht sah ich . . .» Das übrige war wieder in Chiffern, bis auf die Verbindungs- und andre Worte, aus denen sich nichts abnehmen ließ.

Bemerkenswert bleibt es hiebei, daß Personen, welche sonst keine Spur von Ahnungsvermögen zeigten, in seiner Sphäre für den Augenblick die Fähigkeit erlangten, daß sie von gewissen gleichzeitigen, obwohl in der Entfernung vorgehenden Krankheits- und Todesereignissen durch sinnliche Wahrzeichen eine Vorempfindung hatten. Aber auf keines seiner Kinder und Enkel hat eine solche Gabe fortgeerbt; vielmehr waren sie meistenteils rüstige Personen, lebensfroh und nur aufs Wirkliche gestellt.

Der sächsische Großvater

In einer der letzten Nächte, wohl schon gegen Morgen hin, erschien mir im Traum mein seit einem halben Jahrhundert verstorbener Großvater. Aber – obwohl er mir lebendig und leibhaftig gegenübertrat und wiewohl ja auch ich selbst in eine andere Dimension eingetreten war – ich wußte sofort, daß es Täuschung war.

In früheren Jahren war dies des öfteren geschehen: daß ich von ihm träumte, mit ihm wanderte, in einem Gasthaus Bier trank oder im Garten Kirschen pflückte.

Ihn wiederzusehen hatte mich stets froh gemacht, und ich war jedesmal gestärkt und beinahe glücklich erwacht.

Ich nahm solche Träume als Belohnung dafür, daß ich ihm noch immer im Herzen anhing, so als ließe das Schicksal ihn für einen Augenblick auferstehen, weil ich so oft an ihn dachte.

Dann aber war ich ihm wohl untreu geworden. Und daß mir nun von ihm träumte, kann nicht mehr als Lohn gelten, und es stimmte mich auch nicht froh wie ehedem.

Ich sah ihn und wußte, daß er nicht mehr war. Ich wußte es sofort. Er freilich schien es nicht zu wissen.

Er war wie immer. Ja – weiß ich denn noch, wie er war? Besitze ich noch mehr als diese nichtssagenden Reizmittel des Erinnerns: den Spazierstock mit der geschwungenen Hornkrücke, die rote Mütze, die blaue Litewka... Nein, ich sollte mich schämen, auch nur einen Augenblick nachzusinnen, was ich dergleichen hervorsuchen könnte, um es prüfend in der schreibenden Hand zu wägen daraufhin, ob ihm etwas anhafte, was auf diese oder jene Weise ergiebig sein könnte. Ich fände gewiß noch manche solcher Gegenstände; aber sie wären leblos, so leblos wie dieser Spazierstock. Hatte ich nicht eben von der «Elfenbeinkrücke» berichten wollen? Nun, er hatte mit Elfenbein nicht das Geringste zu tun, weder der Großvater noch der Spazierstock. Er war das Kind kleiner Leute aus Mitteldeutschland. Nein, nicht aus Mitteldeutschland: aus Sachsen. Er war aus diesem albernen Sachsen, wo die Leute so gemütlich sind, wenn man sie nicht reizt, wie überall auf dieser Erde.

Ich erinnere mich nicht mehr verläßlich an den Namen des Ortes, in dem er geboren wurde. Er liegt zwischen Halle und Leipzig, womit also unentschieden bleibt, ob das Land oder die Provinz Sachsen es sich anrechnen können, ihm die Wiege gestellt zu haben. Die Provinz wäre immer noch um ein Geringes ansprechender, da zu ihr auch Gebiete zählen, die landsmannschaftlich nie sächsisch gewesen sind. Aber wir wollen es unterstellen, daß er aus dem Lande Sachsen stammt, und ich würde es hinnehmen, wenn er aus dem rückständigsten Dorf Hinterpommerns, aus Treuenbrietzen oder sonst woher käme. Denn alle springenden Salme, gekreuzten Schwerter und langstieligen Lilien hätten mir nicht einen Großvater verbürgen können, wie dieser einer war.

Und wenn auch die restlichen drei Großelternteile, die nicht sächsischen Geblütes waren, für sich in Anspruch nehmen wollten, anteilig ein Ihriges zu meiner Existenz beigetragen zu haben – ich würde ihnen das vor mir selbst kaum zugestehen können. Sie mögen ihre Talente gehabt und vererbt haben, sie mögen tüchtige Handwerker, Lehrer und Organisten, Studienräte und Museumsdirektoren in die Welt gesetzt haben – solche Großväter hatten sie nicht. Und wenn mir Mephistopheles heute noch freistellen würde, mich in die Gestalt eines meiner Vorfahren zurückzuverwandeln, so

47

würde ich keinen Augenblick zögern, in die Haut, die Hirnschale und die Herzkammern meines sächsischen Großvaters zu kriechen. Selbst der altmärkische Fleischermeister sollte sich aus der möglichen Not künftiger Zeit keine Chance zu einer Auferstehung seines Fleisches – schon jetzt – errechnen. Requiescat, requiescat... So verwandt wir alle miteinander sein mögen – mit diesem Enkel einer sächsischen Großmutter, die ihr Linsengericht bis zum Tode selbst verzehrte, fühle ich mich verbunden wie mit keinem anderen Menschen der Welt, und ich würde ein Jahr meines Lebens hingeben, wenn ich ihn eine Woche wieder neben mir sähe, als rüstigen Siebziger. Und ich bäte mir aus, ein wenig frei verfügen zu können über Ort und Zeit und das leidige Leibliche dieser geschockten und heruntergekommenen Menschheit unserer Tage.

«Komm!» würde ich sagen. «Wir wollen keine Zeit verlieren. In sieben Tagen schuf Gott die Welt. Du siehst, wie viele Mängel sie hat. Man kann nicht allzu viel erledigen in so kurzer Zeit.»

Und ich höre ihn sagen, indem er beschwichtigend seine kräftige Hand auf meinen Arm legt: «Nur langsam, mein Junge. Wir wollen so tun, als hätten wir sieben Jahre. Dann werden wir sieben vernünftige Tage haben. Es tut nicht gut zu hasten, wenn man Freude am Dasein haben will.» Und ich müßte ihm recht geben.

«Fangen wir also gemächlich in Langenstein an.»

Wir würden in das Bahnhofsgebäude des kleinen Harzortes eintreten, als ob es das Selbstverständlichste von der Welt sei, die braune Stiege emporsteigen und durch den Flur in die Küche gehen. Die Großmutter stände am Herd und formte mit den kleinen Händen aus gekümmeltem Quark schöne runde Käse, die dann in einem Steintopf ihrer schmackhaftesten Metamorphose entgegendämmerten; oder sie striche gerade den dottergelben Schmant über einen großen Johannisbeerkuchen, klemmte das Blech in die Hüfte und nähme den Weg ins Dorf. Ich sähe ihr vom Fenster aus nach. Immer kleiner würde sie, immer flinker liefen ihre Beine, bis sie um die Ecke böge, wo der Rimpausche Park anfängt, in dem wir Kinder zuweilen spielen durften.

Inzwischen hätte sich der Großvater für den Dienst fertig gemacht. Er hätte seinen leuchtend blauen Rock mit den glänzenden Messingknöpfen angezogen, dazu die schwarze Hose mit der roten Biese an der Naht, und setzte gerade die rote Mütze auf. Er stiege mit knarrenden Stiefeln die knarrende Stiege herab, und wir beträten den Dienstraum, in welchem sein hoher Schreibtisch stand mit dem Drehstuhl davor und dahinter die lange Morsebank, auf der die weißen Papierschlangen über die Spulräder wanderten, von sanftem Ticken begleitet und hin und wieder mit sachkundigem Blick durch die goldgeränderte Brille betrachtet. Dann meldete sich der Zug aus Derenburg. Der Großvater setzte seine Mütze wieder auf und ginge über die Schienen auf den Bahnsteig 2, wo gerade bimmelnd die kleine Lokomotive heranstampfte, mit einem Pack- und drei Personenwagen hinter sich. Der «Kuckuck» stände schon auf dem Trittbrett, legte die Hand an seine Mütze und riefe mühsam: «Langenstein! Nach Halberstadt und Blankenburg umsteigen!»

Dann gäben sich beide die Hand. «Morgen, Herr Struchmann!» würde der Kuckuck sagen. «Morgen, Lohse!» der Oberbahnhofsvorsteher. Denn der Großvater hatte längst die letztmögliche Stufe seiner dienstlichen Laufbahn erklommen, und darin war er dem Kaiser von Japan und dem Papst ebenbürtig.

Ach, der Kuckuck ... Ein Kuckuck mit Asthma, der Pillen schluckte und räuchern mußte und immer schwer atmete. Jeder Hauch, der durch seine Lungen ging, mußte sich zwängen und machte ihm das Leben zur Last. Aber er trug es mit dem blutigen Humor einer Dostojewskischen Figur und schleppte bei jedem Schritt noch einen ausgewachsenen Schalk im Nacken mit. Wenn die wärmere Jahreszeit begann,

49

stand er in den langen Pausen zwischen Ankunft und Abfahrt seines Zuges an der großen Buchsbaumhecke und schnitt in mächtigen lateinischen Lettern den Ortsnamen LANGEN-STEIN. Und hin und wieder ahmte er täuschend den Ruf des Kuckucks nach und ließ sich von seinem gefiederten Bruder aus dem naheliegenden Park Bescheid tun. Wie lange singt er nun schon nicht mehr...

Dann käme Karl, der Telegrafenarbeiter, ins Büro. Er hätte noch sein tiefes kreisrundes Loch in der Stirn, so etwa, als ob man mutwillig in ein frisches Brot mit dem Daumen eine Höhlung gedrückt hätte. Ein wuchtiger Hammerschlag hatte einstens seine Stirn getroffen, und die war klug genug gewesen nachzugeben.

«Die Kirschen sind reif!» würde er sagen. «Die hellen müssen noch hängen. Aber die schwarzen sind fällig.»

«Ja», sagte der Großvater. «Morgen früh fange ich an. Dann kannst du weitermachen.»

Und am nächsten Morgen, wenn die Sonne glühend über den Horizont in den wolkenlosen Himmel einrollte, stiege der Großvater die hohe, schmale Leiter hinauf, die sich unter seinem Gewicht leicht böge, und pflückte vor dem Dienst den ersten Korb Kirschen. Der wartete dann auf mich, wenn ich in die Küche zum Morgenkaffee käme. Sie hießen nicht umsonst Herzkirschen.

Man muß wohl ein Kind sein, um dieser Wunder ganz teilhaftig zu werden. Ein Kind auch wie Gertrud, pausbäckig und irgendwie ein kleines Luder, das in keiner Lage kneift und mit einer elementaren Neugier dem Leben nachstellt. Sie war das Töchterchen des Bahnhofswirts, und sie dürfte nicht fehlen.

«Halt ein Mittagsschläfchen, Großvater!» würde ich sagen. «Ich muß mit Gertrud ein bißchen spielen, auch wenn es die Großmutter nicht gerne sieht.» Denn sie mochte die Gertrud nicht leiden und stand mit der Familie des Bahnhofswirtes auf Kriegsfuß.

Und wir würden zur Bahnmeisterei gehen, wo Bahnmeister Fuchs saß, der einen so aufgezogenen, exakten Gang hatte und unsere Streiche mit ärgerlicher Aufmerksamkeit verfolgte. Hinter der Bahnmeisterei befanden sich der Schweinestall und das gewisse Örtchen, das für die winterliche Zeit unleidlich weit von der Behausung ablag. Ein kleiner Auslauf für die beiden Schweine war auch dabei, ein kleines Rondell, in dem man Zirkus spielen konnte. Die fetten Bestien würden mit dem Stecken angetrieben und schleppten schnaufend, grunzend und immer röter werdend ihren Speck rundum. Einmaliges Schauspiel! Es sollte sich nie wiederholen – Herr Fuchs hatte den Großvater alarmiert, und die Strafe war hart und gerecht. Nie sah ich den Alten so erbost und zornig, und nie wieder bearbeitete er mein Gesäß so unerbittlich und ausgiebig wie damals. Das übertraf an Härte sogar die Strafe, die unsere Malversuche auf der weißen Front der Bahnmeisterei nach sich zogen. Carbolineum gibt schließlich auch nicht den geeigneten Farbton ab . . .

Aber sonst – die Heilige Schrift bot ihm keinen Vorwand, seine Liebe durch Züchtigung zu beweisen. Er hielt wohl dafür, daß Vergehen sich zumeist selbst rächten und daß man dem Arm des Schicksals nicht immer mit erhobenem Zeigefinger und gezücktem Rohrstock zuvorkommen dürfe.

Seine Tochter begriff das freilich nicht. «Vater, du bist zu gut», sagte sie unter arger Mißachtung ihrer eigenen Kindschaft. «Der Junge muß härter angefaßt werden.»

«Laß nur, ich kenne ihn besser . . .», sagte er dann abwehrend. Da sollte ich nicht auf ihn schwören?

Im übrigen hatte er recht: Die Strafe kam oft von selbst und weitaus eindrucksvoller und überzeugender als die mütterlichen Expeditionen und Verwarnungen, die in der Ankündigung eines längeren Aufenthaltes in einer Erziehungsanstalt gipfelten.

«Marke Reitschule» stand auf der Schachtel zu lesen, auf der ein Kavallerist in gelber Litewka mich zu meiner ersten

Zigarette ermutigte. Hinten, wo die Kohlen lagen und ein paar Bahnarbeiter ihr Vergnügen daran hatten, mich das verführerische Kraut schmecken zu lassen, geschah das Unfaßliche, das sich meiner Mutter als der strafwürdigste Akt bübischer Niedertracht darstellte. Vielleicht war es die Angst um mein vergiftetes Knabenleben, das sich in Leibschmerzen, Durchfall und Erbrechen wand, die sie in nie gekannte Verzweiflung warf. Sie las gerade den Roman «Laubgewind», und das offenbar zügellose Treiben der Künstlergilde mag sie so verwirrt und erregt haben, daß die vorzeitig erwählte Leibmarke «Reitschule» ihr als erster Nagel zu jenem Sarge erschien, der eines Tages ein schändliches Luderleben vor den Blicken einer streng-bürgerlichen Umwelt abdichten würde. Der Großvater freilich blickte in einem unbeobachteten Augenblick spöttisch zwinkernd über seine Brille und fragte: «Hat's denn geschmeckt, Junge?»

Wir wollen ihn nicht allzu lange schlafen lassen, den großherzigen Mann; denn wir brauchen ihn noch oft. Wir probieren indes den Kuchen, der eben noch warm und mit knusprigen Kanten von der Großmutter geholt worden ist, und werden dann für den Nachmittag nach Halberstadt fahren.

Da kommt ein schöner Anzug zur Geltung, der vornehmste Stock (der mit dem Hirschhorngriff) und ein schöner Panama, der am Bauchknipser befestigt wird, ein Loch höher als die breite silberne Uhrkette. Die Manschetten werden über die Knöchel gestreift, und Herr Struchmann fährt mit dem Enkel nach Halberstadt.

Damals war es eine schöne Stadt mit stolzen Türmen, sauberen Straßen, reichen Geschäften und anheimelnden Kneipen. Die wenigen Wege, welche die Großmutter uns aufgetragen hatte, waren rasch besorgt. Und dann darf der Enkel sich wünschen, wonach sein Herz begehrt. Und er begehrt, was auch dem Großvater zu spendieren Freude macht: Heringssalat, Halberstädter Würstchen und ein dunkles Glas Bier. Ach, soviel Einklang zwischen dem Ältesten und Jüngsten eines Geschlechtes! Wo findet man das?

Diese herrlich verräucherten alten Kneipen mit den blanken Tischen, mit alten Fregatten, Stammtischwimpeln und säuberlich gemalten Kernsprüchen! Es schwebt nicht viel Geist über den Tabakschwaden. Wer wollte das auch vermuten? Aber eine gesunde Lebensfreude dampft in diesen Räumen. «Was bekommt der Kleine?» – Hach, dieser Trottel von einem Kellner!

«Das ist mein Enkel...» sagte der Großvater voll ruhigen Stolzes. «Wir bekommen zwei Dunkle.» Und erst wenn das Bier gekommen ist, wird der Heringssalat bestellt. Ein echter Mann trinkt, ehe er zu essen beginnt.

Der Wirt begrüßt uns. Vom Nachbartisch kommt noch ein alter Bekannter zu uns herüber. Sogar ein Fabrikant, mit dem es irgendwann einmal Unstimmigkeiten wegen einer Bahnfracht gegeben hat, erhebt sich eigens, um den Oberbahnhofsvorsteher von Langenstein zu begrüßen. Niemand hat einen nennbaren Vorteil von ihm, aber jeder achtet ihn und schätzt ihn wert.

Die Würstchen werden doppelt bestellt. Von den Bieren nimmt der Alte vier oder fünf. «Komm, mein Junge», sagt er dann. «Die Eisenbahn wartet nicht.»

JEAN-PAUL SARTRE

Großvaters Bücher

Ich habe mein Leben begonnen, wie ich es zweifellos beenden werde: inmitten von Büchern. Im Arbeitszimmer meines Großvaters lagen sie überall; es war verboten, sie abzustauben, mit Ausnahme eines Tages im Jahr, vor dem Semesterbeginn im Oktober. Ich konnte noch nicht lesen, aber ich verehrte sie bereits, diese aufgerichteten Steine: Mochten sie geradestehen oder schräg, dichtgedrängt wie Ziegel auf den Borden des Bücherschrankes oder in noblem Abstand voneinander, wie die Alleen mit vorgeschichtlichen Steinsäulen in der Bretagne, immer fühlte ich, daß der Wohlstand unserer Familie von ihnen abhing. Sie glichen einander alle, ich bewegte mich in einem ganz kleinen Heiligtum, umgeben von stämmigen und sehr alten Monumenten, die zugesehen hatten, wie ich geboren wurde, die mich sterben sehen würden und deren Permanenz mir eine Zukunft garantierte, die so ruhig sein würde wie die Vergangenheit. Ich berührte sie heimlich, um meine Hände durch ihren Staub zu ehren, wußte aber nicht recht, was ich mit ihnen anfangen sollte, und erlebte jeden Tag einige Zeremonien, deren Sinn mir nicht aufging. Mein Großvater, der für gewöhnlich so ungeschickt war, daß meine Mutter ihm die Handschuhe zuknöpfte, handhabte diese Kulturobjekte mit der Geschicklichkeit eines Meßdieners. Ich habe tausendmal gesehen, wie er geistesabwesend aufstand, um den Tisch ging, mit zwei Schritten beim Bücherbord war, ohne zu zögern ein Buch

54

nahm, ohne sich die Zeit zur Wahl zu lassen, es aufblätterte, während er zu seinem Sessel zurückkehrte, um es dann, kaum daß er wieder Platz genommen hatte, durch eine kombinierte Bewegung von Daumen und Zeigefinger brüsk «auf der richtigen Seite» zu öffnen, wobei er es wie einen Schuh krachen ließ. Manchmal kam ich näher, um die Bücher zu beobachten, die sich aufspalteten wie Austern, und ich entdeckte die Nacktheit ihrer Eingeweide: verschimmelte Blätter, leicht aufgetrieben, bedeckt mit schwarzen Äderchen, die Tinte tranken und wie Pilze rochen.

Im Zimmer meiner Großmutter waren die Bücher gebettet. Sie entlieh sie bei einer Leihbücherei, und ich habe niemals mehr als zwei auf einmal gesehen. Dieser Tand ließ mich an die Süßigkeiten zu Neujahr denken, denn die geschmeidigen und glänzenden Blätter sahen aus, als wären sie aus Silberpapier ausgeschnitten. Lebhaft weiß, fast neu, dienten sie als Vorwand für leichte Mysterien. Jeden Freitag zog sich meine Großmutter an, um auszugehen, und sagte: «Ich will *sie* zurückbringen.» Wenn sie wieder da war, legte sie erst den schwarzen Hut und den Schleier ab, zog *sie* sodann aus dem Muff, und ich fragte mich irritiert: Sind es dieselben? Sie machte ihnen sorgfältig einen Schutzumschlag, suchte sich dann eines von ihnen aus, nahm in ihrem Ohrensessel nahe am Fenster Platz, setzte die Brille auf, seufzte müde und beglückt, senkte die Lider mit einem feinen und wollüstigen Lächeln, wie ich es später auf den Lippen der Mona Lisa wiederfand; meine Mutter schwieg und hieß auch mich ruhig sein. Ich dachte an die Messe, an den Tod, den Schlaf; ich erfüllte mich mit einem sakralen Schweigen. Von Zeit zu Zeit lachte Louise ein bißchen; sie rief ihre Tochter, zeigte mit dem Finger auf eine Zeile, die beiden Frauen tauschten einen Blick des Einverständnisses.

Trotzdem liebte ich diese allzu gesitteten Broschüren nicht sehr. Sie waren Eindringlinge, und mein Großvater verhehlte nicht, daß sie Gegenstand eines minderwertigen, ausschließlich weiblichen Kultes seien. Sonntags kam er aus Langeweile ins Zimmer seiner Frau und pflanzte sich vor ihr auf, ohne zu wissen, was er ihr sagen sollte. Alle schauten ihn an, er trommelte gegen die Fensterscheibe, dann fiel ihm nichts weiter ein, er wandte sich wieder zu Louise und nahm ihr den Roman aus der Hand. «Charles», rief sie wütend, «du wirst mir die Seite verblättern!» Mit hochgezogenen Augenbrauen hatte er bereits zu lesen begonnen; brüsk klopfte er mit dem Zeigefinger auf das Buch: «Versteh ich nicht!» – «Aber wie willst du verstehen, wenn du in der Mitte anfängst?» sagte meine Großmutter. Schließlich warf er das Buch auf den Tisch, zuckte die Achseln und ging davon.

Er hatte sicherlich recht, denn er war vom Fach. Ich wußte es: Er hatte mir auf einem Regal der Bibliothek dicke kartonierte und mit braunem Leinen bezogene Bände gezeigt. «Die hier, mein Kleiner, hat der Großvater gemacht!» Welcher Stolz! Ich war der Enkel eines Handwerker-Spezialisten für die Fabrikation heiliger Gegenstände, der genauso respektiert werden durfte wie ein Orgelbauer oder ein Schneider kirchlicher Gewänder. Ich sah ihn am Werk: Jedes Jahr wurde das «Deutsche Lesebuch» neu aufgelegt. In den Ferien wartete die ganze Familie ungeduldig auf die Korrekturfahnen: Charles ertrug keine Untätigkeit, er ärgerte sich zum Zeitvertreib. Der Briefträger brachte endlich dicke, ziemlich weiche Pakete, man schnitt mit der Schere die Verschnürung durch; mein Großvater entfaltete die Fahnen, breitete sie auf dem Tisch im Eßzimmer aus und zersäbelte sie mit roten Strichen; bei jedem Druckfehler fluchte er vor sich hin und brüllte bloß, wenn das Dienstmädchen erklärte, nun müsse es aber den Tisch decken. Alle waren vergnügt. Ich saß aufrecht auf einem Stuhl und beschaute voller Ekstase diese schwarzen, blutbedeckten Linien. Charles Schweitzer brachte mir bei, er habe einen Todfeind, seinen Verleger. Mein Großvater hatte niemals zu rechnen verstanden: Verschwenderisch aus Sorglosigkeit, generös um der Wirkung willen, verfiel er schließlich, aber viel später, der Krankheit achtzigjähriger Leute: dem Geiz als Auswirkung der Impotenz und der Todesangst. Zu jener Zeit äußerte sich der Geiz bereits in einem sonderbaren Mißtrauen: Wenn er durch Postanweisung sein Autorenhonorar bekam, schlug er die Hände über dem Kopf zusammen und schrie, man schneide ihm den Hals ab, oder er kam ins Zimmer meiner Großmutter und erklärte dumpf: «Mein Verleger bestiehlt mich wie ein Straßenräuber.» Mit erschrecktem Staunen entdeckte ich die Ausbeutung des Menschen durch den Menschen. Ohne diese abscheuliche, aber glücklicherweise eng begrenzte Tatsache wäre die Welt in Ordnung gewesen: Die Unternehmer gaben je nach ihren Kräften den Arbeitern, und zwar je nach deren Verdienst. Warum also mußten die Verleger, diese Blutsauger, die Welt dadurch verunzieren, daß sie das Blut meines armen Großvaters tranken? Meine Ehrfurcht vor diesem heiligen Mann wuchs, dessen Aufopferung nicht vergolten wurde: Schon früh wurde ich darauf vorbereitet, die Professur wie ein Priestertum und die Literatur wie eine Leidenschaft zu behandeln.

Ich konnte noch nicht lesen, aber ich war so sehr Snob, daß ich verlangte, *meine* Bücher zu erhalten. Mein Großvater ging zu seinem Gauner von Verleger und ließ sich die «Märchen» des Dichters Maurice Bouchor geben, Erzählungen nach Volksmotiven, dem Kindergeschmack angepaßt durch einen Mann, der sich, wie mein Großvater sagte, den kindlichen Blick bewahrt hatte. Ich wollte unverzüglich mit den Einweihungszeremonien beginnen. Ich nahm die beiden kleinen Bände, roch daran, betastete sie, öffnete sie nachlässig «auf der richtigen Seite» und ließ sie krachen. Vergebens: Ich hatte nicht das Gefühl, sie zu besitzen. Ich versuchte, ohne mehr Erfolg, sie wie Puppen zu behandeln, zu wiegen, zu küssen, zu schlagen. Ich war den Tränen nahe und legte sie schließlich meiner Mutter auf den Schoß. Sie schaute von ihrer Arbeit auf: «Was soll ich dir denn vorlesen, Liebling?

Die Feen?» Ich fragte ungläubig: «Die Feen, ist das *da drin?*» Diese Geschichte nämlich kannte ich: Meine Mutter erzählte sie mir oft, wenn sie mich gründlich abwusch, unterbrach sich aber immer wieder, um mich mit Kölnischwasser einzureiben oder um die Seife zu suchen, die ihr aus der Hand geglitten war und nun unter der Badewanne lag; zerstreut hörte ich der allzu bekannten Erzählung zu; ich hatte bloß Augen für Anne-Marie, das junge Mädchen all meiner Morgenstunden; ich hörte bloß auf ihre im Dienst brüchig gewordene Stimme, ich freute mich an ihren Sätzen, die nicht zu Ende geführt wurden, an den zögernd hintereinander herlaufenden Worten, an ihrer plötzlichen Selbstsicherheit, die bald wieder getrübt wurde, sich in melodische Bruchstücke auflöste, in Schweigen überging und dann von neuem erstarkte. Die Geschichte, die erzählt wurde, war nur eine Zugabe. Sie war das einigende Band dieser Selbstgespräche. Immer wenn sie sprach, waren wir heimlich beisammen, allein, fern von Menschen, Göttern und Priestern, zwei Rehe im Wald unter anderen Rehen, inmitten der Feenwelt; ich konnte nicht glauben, daß man ein ganzes Buch schrieb, bloß damit diese Episoden unseres Alltagslebens darin vorkamen, die nach Seife und Kölnischwasser rochen.

Anne-Marie ließ mich auf meinem kleinen Stuhl ihr gegenüber Platz nehmen; sie beugte sich vor, senkte die Lider, schlief ein. Aus dem Statuengesicht kam eine gipserne Stimme. Ich wurde ganz verwirrt: Wer erzählte? was? und wem? Meine Mutter war verschwunden: kein Lächeln, kein Zeichen des Einverständnisses, ich war im Exil. Und außerdem erkannte ich ihre Sprechweise nicht wieder. Woher nahm sie diese Sicherheit? Nach einem Augenblick hatte ich begriffen: Das Buch sprach. Sätze kamen daraus hervor, die mir angst machten: wahre Tausendfüßler, ein Gewimmel von Silben und Buchstaben, sie streckten ihre Diphthonge vor, ließen die Doppelkonsonanten vibrieren; singend, nasal, unterbrochen von Pausen und Seufzern, reich an unbekannten Wörtern; so erfreuten sich diese Sätze an sich selbst und an ihren mäanderhaften Windungen, ohne sich um mich zu kümmern. Manchmal verschwanden sie, ehe ich sie verstanden hatte, ein andermal hatte ich schon vorher verstanden, und die Sätze rollten nobel weiter ihrem Ende entgegen, ohne mir ein Komma zu schenken. Diese Rede war offensichtlich nicht für mich bestimmt. Die Geschichte selbst hatte ein Sonntagskleid erhalten: Der Holzfäller, die Holzfällerin und ihre Töchter, die Fee, all diese kleinen Leute von unseresgleichen hatten Majestät angenommen; man sprach prunkvoll von ihren Lumpen, die Wörter färbten auf die Sachen ab, verwandelten die Handlungen in Riten und die Ereignisse in Zeremonien . . .

Ich habe die Welt in den Büchern kennengelernt: Dort war sie assimiliert, klassifiziert, etikettiert, durchdacht, immer noch furchterregend; und ich habe die Unordnung meiner Erfahrungen mit Büchern verwechselt mit dem zufälligen Ablauf wirklicher Ereignisse. Hier entsprang jener Idealismus, den ich erst nach dreißig Jahren von mir abtun konnte.

Der Weg

Ich hatte einen Großvater, der konnte zaubern. Damals habe ich das noch nicht gewußt. Damals habe ich nur gewußt, daß ich gern bei ihm war. Er erzählte mir Geschichten. Wahre Geschichten: Wie das Wasser aus dem Meer aufsteigt in die Wolken. Wie ein Baumstamm Ringe bekommt. Wie ein Küken im Ei wächst. Er sagte Gedichte auf in einer fremden Sprache, die ich nicht verstand. Aber es klang so schön, daß ich mit den Zehen wackeln mußte. Er spielte Klavier, und ich durfte ganz vorsichtig die Hände auf die Saiten legen. Er reparierte meine Puppen und alles andere, was ich zerbrochen hatte. Er reparierte auch Uhren, am liebsten alte Uhren. Die einzelnen Teile kamen in ein Kistchen, das mit Sägespänen und Petroleum angefüllt war. Da ging der Rost ab. Aber es stank auch sehr. Außerdem roch es nach Tabak bei meinem Groß-vater. Ich fand das alles wunderschön. Ich steckte meine Nase in seinen Hausrock. Dann hatte ich vor nichts mehr Angst. Vor gar nichts. Normalerweise hatte ich sehr viel Angst.

Meine Großmutter schimpfte mit meinem Großvater. Sie schimpfte, weil das Petroleum die Wohnung verstank. Sie schimpfte, weil unsere Spiele herumlagen. Sie schimpfte mit ihm genauso, wie sie mit mir schimpfte. Mit derselben Stimme. Dann gingen wir spazieren. Am liebsten auf den Roten Berg. Da gab es eine Wiese, auf der die Feldmäuse raschelten, da gab es ein Stück Wildnis, da gab es vor allem unseren Lieblingsweg.

Auf diesem Weg stand ein hoher, alter Baum – eine Buche. Ihre Wurzeln waren so dick wie Baumstämme. Manche Wurzeln standen hoch.

Unter den Wurzeln floß ein kleiner Bach. Hinter der Buche begann der Wald, ein sehr dunkler, unheimlicher Wald. Aber mein Großvater war ja bei mir. Wenn man ein kleines Stück in den Wald hineinging, kam man zu einem Teich. Dieser Teich hatte schwarzes, weiches Wasser. Wenn man die Hände hineinhielt, wurden sie zu silbrigen, fremden Dingen. Man mußte sie schnell wieder herausziehen. Über dem Teich flitzten Libellen. Am Rand des Teiches wanderten kleine, rote Krebse. Wir hockten dort und ließen Steinchen über die glatte, schwarze Fläche springen. Manchmal ließen wir Rindenschiffe unter dem Bootssteg durchfahren. Manchmal saßen wir nur so da.

Später, als ich schon ein großes Mädchen war und mein Großvater lange tot, habe ich den Weg gesucht. Ich habe ihn nicht gefunden. Alle sagten: «Du spinnst. So was gibt es hier nicht. Am Roten Berg! Laß dich nicht auslachen. Das hast du geträumt.»

Ich war sicher, daß ich nicht geträumt hatte. Aber ich sagte nichts.

Da kam ich einmal ins Museum. Ich ging durch die Säle und sah die Bilder an. Plötzlich blieb ich stehen. Da hing ein Bild, nicht größer als eine Postkarte, in einem schweren, goldenen Rahmen.

Das war der Baum. Das waren die hochstehenden Wurzeln. Das war der Bach. Das war der Wald. Vorne links ging es zum Teich. Ich blieb lange vor dem Bild stehen. Hinein bin ich nicht gegangen. Das habe ich nur gekonnt, solange mich mein Großvater an der Hand gehalten hat. Und der war eben ein Zauberer.

Ein Knabe erzählt, wie er seinem Großvater Bienenköniginnen fand

Im Sommer lebte mein Großvater draußen mit seinem Bienenstand, und immer, wenn ich ihn besuchte, schenkte er mir Honig.

Einmal kam ich in die Imkerei und ging den Bienenstöcken entlang. Ich fürchtete die Bienen nicht, denn der Großvater hatte mich gelehrt, still am Bienenstand vorbeizugehen.

Auch die Bienen waren an mich gewöhnt und stachen mich nicht. Da hörte ich auf einmal, wie in einem Bienenstock etwas gluckste. Ich ging in die kleine Hütte zum Großvater und erzählte es ihm.

Er ging mit mir, horchte und sagte: «Aus diesem Bienenstock flog schon ein Schwarm heraus. Es war der erste Schwarm mit der alten Bienenkönigin, und jetzt werden die jungen Königinnen herauskommen. Deshalb lärmen sie so. Sie werden morgen mit dem zweiten Schwarm ausfliegen.» Da fragte ich den Großvater: «Was sind denn das für Königinnen?» Er sagte: «Eine Bienenkönigin ist dasselbe, was ein Zar für ein Volk ist; ohne sie gibt es keine Bienen.»

Da fragte ich: «Wie sehen sie denn aus?»

Er sagte: «Komm morgen zu mir, so Gott will, wird es einen Schwarm geben – ich werde ihn dir zeigen und dir Honig geben.»

Als ich am nächsten Tage zum Großvater kam, hingen in seinem Hausflur zwei zugedeckte Körbe mit Bienen.

Der Großvater hieß mich ein Netz über den Kopf ziehen

und band mir ein Tuch um den Hals; dann nahm er einen der verdeckten Körbe und trug ihn zum Bienenstand. Ich fürchtete mich vor den Bienen und versteckte meine Hände in den Hosen; doch ich wollte solch eine Königin sehen und ging hinter dem Großvater her.

An dem Bienenstand ging der Großvater zu einem einfachen Trog, legte einen kleinen ausgehöhlten Stamm zurecht, öffnete seinen Korb und schüttelte alle Bienen in den Trog hinein. Die Bienen krochen von dem Trog in den Bienenstock; und alle trompeteten. Der Großvater aber rührte sie mit einem kleinen Besen auseinander.

«Sieh da, hier ist die Königin, die Mutter der Bienen» – und der Großvater zeigte mir eine lange Biene mit kurzen Flügelchen. Sie kroch zu den anderen Bienen und versteckte sich. Darauf nahm mir der Großvater das Netz ab und ging mit mir in seine kleine Hütte. Dort gab er mir ein großes Stück von einer Honigwabe. Ich aß sie ganz auf und verschmierte mir dabei Backen und Hände. Als ich wieder zu Hause ankam, sagte die Mutter:

«Wieder hat dich dein Großvater verwöhnt und dich mit Honig gefüttert.» Ich aber sagte: «Er gab mir den Honig dafür, weil ich gestern einen Bienenstock mit jungen Königinnen fand, und heute haben wir zusammen einen Schwarm gesetzt.»

Großväter
sind
modern

HANS NICKLISCH

Großvater demonstriert

Großvater war in einer Familie von bescheidenen Staatsdienern, Handwerkern und einigen wenigen bäuerischen Einsprengseln der erste gewesen, der je eine Universität heimgesucht hatte. Seitdem hatte das Leppiensche Geltungs- und Bildungsbedürfnis wie Heuschnupfen um sich gegriffen. Seine Söhne, die sich brüderlich in seine Vornamen Friedrich Wilhelm und Paul Otto teilten – Onkel Gottliebs Erbe war andern zugefallen und sein Name infolgedessen gestrichen worden –, waren vorangegangen, drei seiner Enkel hatten das Studium schon hinter sich, und die beiden jüngsten schlugen sich, als er so um die fünfundachtzig war, noch damit herum. «Schlagen» war gar kein so schlechter Ausdruck dafür, denn während Großvaters Kommilitonen, von Leberschäden und Schmissen abgesehen, falls sie einem Corps angehörten, ihrem Studienfleiß allenfalls Schwielen am Allerwertesten verdankten, ging es bei den Vorlesungssprengungen und Vollversammlungen der unruhigen Enkel offenbar nie ohne Beulen und blaue Flecken ab.

«Das ist gehupft wie gesprungen», erklärte Großvater ungerührt. «Zu meiner Zeit haben sie sich mit Säbeln traktiert, heute tun sie's mit Stuhlbeinen oder was weiß ich. Geprügelt wird immer. Was sich ändert, ist nur das Weswegen.»

«Du bist fein raus», murrte Sohn Paul Otto bei seinem Sonntagnachmittagsbesuch. «Du hast nichts mehr damit zu tun, aber ich mach mir Sorgen um Mulle.»

Mulle, das war Mulle Leppien, zwanzigjährige Medizin-studentin, auf Monika getauft, aber in der Familie nur als Mulle bekannt.

«Ich wünschte jedenfalls, du würdest mal mit ihr reden», fügte Paul Otto hinzu.

«Wieso? Redet sie nicht mit dir?»

Paul Ottos Seufzer klang kellertief.

«Gelegentlich, wenn sie Geld braucht. Ich bin bloß ihr Vater.»

«Und was bin ich? Vielleicht Jung-Siegfried?»

«In deinem Alter bist du schon wieder Jugendstil, und der ist Mode. Außerdem hat sie neulich von dir gesagt, mit dem alten Knacker könnte man bestimmt noch Pferde stehlen.»

Großvater griente.

«Mehr kann man wirklich nicht verlangen. Und was soll ich ihr sagen, wenn ich mit ihr rede?»

«Daß sie ein bißchen mehr studieren und ein bißchen weniger Revolution machen soll. Bloß mit Revolution kommt sie jedenfalls nicht durchs Examen.»

Seiner Meinung nach hatte Großvater ein Alter erreicht, in dem er sich für seine Familie, von Großmutter natürlich abgesehen, nicht mehr verantwortlich zu fühlen brauchte. Seine Söhne waren erwachsen genug, um «selber den Dreck vor ihren Türen wegzukehren», wie er sich ohne Umschweife ausdrückte, und seine Enkel sah er nur zu seinem Geburtstag und zu Weihnachten allenfalls, und sie schienen ganz gut ohne ihn auszukommen.

Auch Mulle kam natürlich ohne ihn aus und besuchte ihn nicht viel öfter als die anderen, aber wenn's um sie ging, fühlte er sich besonders angesprochen. Vielleicht, weil sie hübsch und außerdem das einzige Mädchen – in seiner Aus-drucksweise «der einzige weibliche Teil» – in seiner Nach-kommenschaft war, und für hübsche Teile hatte Großvater allemal was übrig gehabt.

«Ich fahr morgen rasch mal hin», erklärte er nicht gerade zu Großmutters Überraschung. «Schließlich kann ich Paul Otto nicht sagen, daß er mir den Buckel runterrutschen oder sonstwas soll, wenn er sich um das Küken Sorgen macht.»

«Küken? Mit zwanzig?»

Großmutter hätte es sich nie eingestanden, so lächerlich war's, aber selbst jetzt noch, nach der goldenen Hochzeit und obwohl es bloß Mulle war, spürte sie ein Fünkchen der Eifersucht, zu der er ihr im Verlauf von mehr als fünfzig Ehejahren in so reichlichem Maße Anlaß gegeben hatte. Mit oder ohne Grund, darüber ließ sich streiten. Über die Eifersucht leider nicht.

«Sonst sagst du doch immer...»

«Weiß ich», unterbrach er sie ungeduldig. «Daß sie sich selber um ihren Mist kümmern sollen, aber... Na ja, ich fahr eben mal hin. Ich bin sowieso lange nicht in der Stadt gewesen, und mir fällt die Bude hier schon auf den Kopf.»

Am nächsten Frühnachmittag rückte er also ab, fein in Schale, mit grauen Knöpfgamaschen und englisch zusammengerolltem Schirm und von Großmutter mit der Mahnung versehen, auch bestimmt bei Bögges nebenan anzurufen, wenn es eventuell später würde.

Großvater hatte nämlich kein Telefon. Er fand, von allen Zudringlichkeiten moderner Zeitläufte sei diese Einrichtung, die jedem Wildfremden erlaubte, ungefragt in sein Privatleben einzudringen und ihn durch anhaltendes schrilles Gelärme aus seinem Mittagsschläfchen oder sonst welchen wichtigen Verrichtungen zu reißen, die allerzudringlichste.

Früher hatte er mal eins gehabt, aber es war seinen Temperamentsexplosionen bei solchen Gelegenheiten nicht gewachsen gewesen.

Bei der dritten Reparatur hatte er dem Monteur vom Telefonamt gesagt:

«Reißt bloß das Ding da mit Stumpf und Stiel aus der

Wand, sonst habt ihr nächstens noch meinen Schlaganfall auf dem Gewissen!»

Seitdem mußten Bögges von nebenan herhalten, und der gutmütige Herr Bögge, Milchhändler seines Zeichens, hatte sich längst mit der Tatsache abgefunden, daß er jeden Anruf für Großvater, selbst den eiligsten, nur durch einen in den Briefkasten am Gartentor gesteckten Zettel anzuzeigen hatte.

Großvater schob also los, und als er an der Ecke zum Königsgraben noch einmal mit der Musspritze zu Großmutter zurückwinkte, die wie üblich am Tor gewartet und mit einem aus leisem Spott und Rührung gemischten Gefühl festgestellt hatte, daß man ihm – wenigstens von hinten – sein Alter nicht ansah, ahnte sie nicht, daß es das Letzte war, was sie an diesem Tag von ihm sehen würde.

Um zehn war er nämlich noch nicht wieder da, obwohl er spätestens um neun hatte zurück sein wollen, und als sie um halb elf zuerst im Briefkasten nachgesehen und dann nebenan geklingelt hatte, erfuhr sie von Herrn Bögge, daß auch bei ihm kein Lebenszeichen des Verschwundenen eingelaufen sei.

«Aber machen Sie sich man keine Sorge, Frau Leppien», sagte er über den Zaun. «Der alte Herr ist ja noch recht kregel und puppenlustig, dem passiert so leicht nischt. Vielleicht hat ihn was Familiäres aufgehalten.»

Er schob einladend die Gartenpforte auf.

«Wollen Sie nich'n bißchen reinkommen? Meine Frau is noch auf. Sie wärmt Ihnen 'n Glas Milch, das beruhigt. Oder wenn Ihnen 'n Likörchen lieber is? Dabei wartet sich's leichter.»

Aber obwohl Großmutter einem Schnäpschen in Ehren nie abgeneigt war – Milch, und noch dazu warme, konnte sie schon eher entbehren –, fand sie doch, daß ihr Platz zu dieser Stunde zu Hause sei. Wenn Paulo inzwischen käme und sie nicht fände, würde er ihr die Hölle heiß machen, weil sie sich beim Nachbarn einen angetütert hatte, statt mit einem warmen Süppchen auf ihn zu warten.

Um Viertel zwölf, als allmählich doch eine Kleinigkeit Angst in ihr aufstieg, kam der offensichtlich aus dem Bett gescheuchte Herr Bögge mit gesträubtem, schütterem Haar und im Nachthemd mit Bademantel drüber und tat ihr kund, eine gewisse Mulle habe eben angerufen.

Die Angst in ihr ebbte ab, quoll aber im nächsten Moment wieder hoch.

«Hat sie was von meinem Mann gesagt?»

Herr Bögge räusperte sich verlegen.

«Nee. Keinen Ton. Sie hat bloß gesagt, sie käme gleich raus.»

Die unheilschwangere Stille zwischen ihnen schien sich endlos zu dehnen. Schließlich räusperte sich Herr Bögge erneut:

«Soll ich nich so lange bei Ihnen bleiben? Aufgeweckt bin ich nu sowieso. Ich meine...» Er geriet ins Stottern. «Manchmal tut 'n bißchen Zuspruch doch gut.»

Doch Großmutter war, wenigstens äußerlich, wieder ganz auf der Höhe.

«Na, das fehlte noch!» protestierte sie. «Was glauben Sie, was passiert, wenn mein Mann erfährt, daß ich nachts um zwölf einen Herrn im Nachthemd im Hause hatte. Und –», mit dem blassesten aller Lächeln, «– so einen flotten noch dazu! Nee, das können wir ihm nicht antun.»

Kurz vor zwölf kam dann endlich ein Gefährt die sandige Eulenstraße entlanggetuckert. Spärliches Scheinwerferlicht zitterte vor ihm her. Es war Mulles «Schlitten», Großmutter erkannte ihn im Licht der Gartentorlaterne an den Pop-Klierereien auf dem Blech, deren grelle Farben unter der mindestens halbjährigen Dreckschicht kaum mehr zu unterscheiden waren.

Mulle kletterte raus, allein, knallte den Schlag zu und kam schlaksig ohne Eile den Gartenweg entlang. Eine Ami-Kutte hing ihr lose um die Schultern. Was Besonderes war ihr nicht anzumerken.

70

Großmutter empfing sie in der Haustür. Ein Kloß saß ihr hemmend in der Kehle.

«Was ist mit Paulo?» flüsterte sie.

Mulles Grienen suchte Beruhigung zu verbreiten.

«Mach dir nichts draus», erwiderte sie. «Mit dem ist alles in Ordnung. Der sitzt.»

«Sitzt? Ja, wo denn?»

«Im Kittchen natürlich.»

Wie es zu diesem erstaunlichen Umstand gekommen war, erfuhr Großmutter zwischen zwölf und halb eins am Küchentisch von Mulle bei einem Täßchen schnell gebrühten Kaffees. Aber die richtige Farbe erlangten die Ereignisse erst, als Großvater sie am nächsten Nachmittag berichtete, nachdem er stolz wie ein Gockel in leicht derangiertem Aufzug und mit einem Schirm zurückgekehrt war, dessen zerfledderter, halb abgeknickter Zustand unmißverständlich verriet, daß er anderen als den ihm zugedachten Zwecken gedient haben mußte.

Angefangen hatte es damit, daß Großvater bei Mulle geklingelt und von dem Mädchen, mit dem sie zusammenhauste, erfahren hatte, Mulle hielte seit gestern ein Uni-Institut besetzt, nicht alleine natürlich. Mittags hätten sie im Radio angesagt, Polizei sei inzwischen eingetroffen, habe aber bisher nicht eingegriffen.

Als er sich dann, teils neugierig, teils um Mulle besorgt, zum Institut durchgefragt hatte, war zu seiner enttäuschten Erleichterung von einem Belagerungszustand nichts zu entdecken gewesen. Nur in einer Seitenstraße fünfzig Meter davor hielten ein paar Mannschaftswagen, und an der Ecke stand eine martialische Gestalt, mit Helm und Funkgerät obenrum wie ein verirrter Marsmensch anzusehen, und musterte ihn argwöhnisch.

«Wollen Sie hier was?» erkundigte sich der vom Mars.

Fragen so dämlicher Art pflegten Großvaters leicht reizbare Widersetzlichkeit anzuregen. Schließlich, das sagte einem doch wohl schon der gesunde Menschenverstand, wäre er ja nicht hier, wenn er hier nichts wollte.

«Klar!» krähte er. «Ich habe ein paar Molotowdinger in der Tasche – für die.» Er wies mit dem Kinn zum Institut hinüber. «Aber sehen Sie sich beim Filzen vor. Ich bin nämlich kitzlig.»

Der Mann starrte ihn unentschlossen an. Einen Moment sah's so aus, als ob er ihn wirklich filzen wollte, dann wandte er sich ab. Großvater sah allzu unverdächtig aus, und außerdem hatte er offenbar Wichtigeres zu tun, denn nach einem Blick auf die Uhr begann er, in sein Funkgerät zu sprechen.

Den Schirm über den Arm gehängt, schritt Großvater rüstig weiter, dem Institut entgegen, in dessen offener Tür ein bärtiges langmähniges Individuum in Jeans und schlottrigem Pulli lehnte und über ihn weg zur Ecke spähte.

«Mach 'ne Fliege, Opa», raunzte er schläfrig. «Heute ist keine Visite für Studienanwärter. Wir erwarten bessere Herrschaften.»

Aber so leicht ließ Großvater nicht mit sich Schlitten fahren. Wenn er wollte, hatte er eine ganz schön kräftige Stimme, und diese Stimme lockte die erstaunte Mulle herbei, die ihn an dem Bartfritzen vorbei im gleichen Moment in die Halle zog, in dem draußen die Marsmänner um die Ecke quollen und zum offenbar lange erwarteten Sturm ansetzten.

Die Tür flog zu, andere Langmähner tauchten auf, ein paar intelligenzblasse, strähnige Mädchen dazwischen, Tische und Schränke wurden in Windeseile vor Tür und Fenster geschoben, und plötzlich war Großvater mittendrin, in den hektischen Wirbel einbezogen, fand es herrlich aufregend, schob, türmte, rückte und schleppte pustend mit, bis . . . ja, bis ihn jemand von hinten am Kragen packte und leider offenkundig wurde, daß die wackeren Institutsbesetzer zwar vornerum alles bestens zur Verteidigung gerüstet, die Kellertür hinten aber vergessen hatten, und durch die war nun unfairerweise ein Stoßtrupp der Ordnungsmacht eingedrungen.

Der unfeine Griff zu Großvaters Paletotkragen führte bei ihm zu einer Reaktion, die vollauf bestätigte, was Fräulein Selma, Großmutters zweimal die Woche erscheinende Putze, schon immer von ihm gesagt hatte: «Der Herr Leppien is'n Kollerieker. Wenn dem was verquer steht, kricht er immer gleich eukalyptische Anfälle.» Denn in einem solchen Anfall fuhr Großvater nun wie ein geölter Blitz herum, schwang seine Musspritze und landete einen Volltreffer auf des Angreifers Helm. Und damit war sein Schicksal fürs erste besiegelt.

«Wieso hast du dich mit dem Mann, dem Polizisten, auch eingelassen?» fragte Großmutter und schüttelte mißbilligend die grauen Löckchen.

Großvater schien einem eukalyptischen Anfall wieder bedenklich nahe.

«Ich mit ihm? Na, da hört sich doch...! Er mit mir! Ich wollte Mulle ja bloß ein bißchen ins Gewissen reden, weil Paul Otto mich drum gebeten hatte, und da mischt so 'n Kerl sich in unsre Familienangelegenheiten ein, packt mich von hinten am Schlafittchen, fuchtelt mit seinem Knüppel vor meiner Nase rum, murmelt was von Widerstand gegen die Staatsgewalt und will auch noch meinen Ausweis sehen. Und weil ich den nicht bei mir hatte... Was ist denn los? Findst du das komisch?»

Ärgerlich starrte er Mulle an, die natürlich auch dabei war, denn sie hatte ihn von der Wache getreulich abgeholt und mit ihrer Nuckelpinne nach Hause gefahren. Jetzt wand sie sich auf dem Sofa vor Lachen.

«Du vielleicht nicht?» gickerte sie atemlos. «Kommt hin, um sein Enkelkind auf den Pfad der Tugend zurückzuführen, hat mit dem Remmidemmi sonst nicht die Bohne zu tun und ist der einzige, den sie hinterher die Nacht über in der Zelle behalten! Weißt du, was mir der Bulle vorhin gesagt hat?»

Sie imitierte den Polizisten mit behördlich gerunzelter Stirn und auf tief gequetschter Stimme:

«Passense in Zukunft auf Ihren Opa besser auf, Frollein. Wenn der nämlich noch mal solche Zicken macht, wird nicht mehr lange gefackelt.» Sie sah ihn an, schön geschwungene Brauen und darunter helle blaugraue, langbewimperte Augen, die mühsam ihren Ernst bewahrten, und fuhr tadelnd fort: «Wirklich, Großvater... Nicht mir, *dir* müßte man ins Gewissen reden... Widerstand gegen die Staatsgewalt – und das in deinem Alter!»

Und diesmal lachte Großmutter mit.

Bei dieser Gelegenheit kam übrigens überraschend ans Licht, daß Großvater schon eine polizeiliche «Vergangenheit» hatte. Im ersten oder zweiten Semester war es gewesen, kurz nach der Jahrhundertwende. Damals also war im Reichstag um die sogenannte «Lex Heinze» ein erbitterter Kampf entbrannt. Der reichlich staubaufwirbelnde Prozeß gegen einen gewissen Herrn Heinze, dem nachgesagt wurde, von den Einkünften einiger flotter Damen der in Berlin üppig florierenden Lustindustrie ein angenehmes Leben zu führen, veranlaßte die konservativeren unter den Volksvertretern zu einer Attacke auf die Mächte des Lasters und in einem Aufwasch auch gleich noch auf den sittenverderbenden Einfluß von Theater und bildender Kunst. Verboten werden sollte die Verherrlichung des Ehebruchs und der fleischlichen Lust.

Was im Reichstag vorging, zählte unter hohe Politik und spielte sich im allgemeinen außerhalb von Großvaters Gesichtskreis ab.

Aber als er bei einem Pflichtbesuch in der Uni ein im Vorhof sich geräuschvoll sammelndes Häufchen Studenten gewahrte, das eben zum Reichstag aufbrechen wollte, um stellvertretend für die Massen des Volkes gegen den Vorstoß des Ungeistes Protest zu erheben, gesellte er sich reinen Herzens und naiven Gemüts dazu und marschierte mit.

Der flammende Protest rannte sperrangelweit offene Türen ein, denn eben an diesem sonnigen Frühlingstage hatten die Konservativen, im Ringkampf mit der Verzögerungstaktik des Gegners ermattet, ihre finsteren Absichten aufgesteckt, aber es wurden trotzdem, und weil man nun schon einmal da war, einigen Abgeordneten der Rechten die Zylinderhüte von den Köpfen geschlagen, einige behäbige Polizisten in ungewohnte Bewegung versetzt und schließlich der Ordnung halber im Getümmel auch einige Verhaftungen vorgenommen. Von denen, die verhaftet wurden, wußte Großvater am allerwenigsten, warum.

Abends erschien dann sein Vater gramgebeugt in der Reichstagswache, um seinen mißratenen Filius abzuholen. Er erfuhr zu seiner Erleichterung, daß man dem jungen Mann in Anbetracht seiner bisherigen Unbescholtenheit und achtbaren Familie die eigentlich verwirkte Anklage des Widerstands gegen die Staatsgewalt ersparen und ihm lediglich einen Verweis wegen öffentlich verübten groben Unfugs erteilen werde.

Das, was Großvater Mulle von dieser Geschichte erzählte, war sozusagen die legendenhafte, verklärte Spiegelung einer, wie man sah, gar nicht so ruhmvollen Wirklichkeit. Vielleicht hatte er tatsächlich schon vergessen, warum er damals mehr zufällig als absichtlich hintendran mitgelaufen war. Aber da sein Gedächtnis im allgemeinen noch ganz gut funktionierte, liegt die Vermutung näher, daß er in Mulles hellblaugrau und schön auf ihn gerichteten Augen, in denen vor kurzem noch Spottfünkchen geglitzert hatten – «Widerstand gegen die Staatsgewalt – in deinem Alter!» – zur Abwechslung mal Bewunderung aufglänzen sehen wollte für die auf heroisch frisierte Jünglingsgestalt des Studiosus Leppien, der, an der Spitze seines trutzigen Häufleins natürlich («Klar an der Spitze! Wo denn sonst? Nee, ohne Fahnen und Transparente. Die hatten wir damals noch nicht.»), unerschrocken durchs

Brandenburger Tor marschierte wie vor ihm und nach ihm noch manch anderer Held und nur durch seinen geharnischten Protest vor den Reichstagsstufen und ein paar eingebuffte Zylinderhüte die Freiheit der Kunst gerettet hatte.

«Na, was denkt *ihr* denn?» protzte er vor Mulle, in deren Augen es nun wirklich glänzte. «Daß ihr den ganzen Kram mit Anti und so erfunden habt? Nee, is nich! Is alles schon mal dagewesen! Wir waren schon damals nicht von Pappe! Wir nicht! Wir haben das Maul aufgerissen, wenn uns was nicht gepaßt hat, und die Po... die Bullen von damals mit ihren Pickelhauben und Plempen hatten auch nichts zu lachen.»

Jäh und abkühlend fiel ihm die eigentliche Absicht des Gespräches ein, und er fügte schwächlich hinzu:

«Na ja, natürlich haben wir auch zwischendurch tüchtig geschuftet. Von nischt is nu mal nischt. Und du solltest deine hübschen Fingerchen davon lassen. Jedenfalls bis du dein Examen hast.»

Später, als Mulle wieder die Eulenstraße entlang abgetukkert war, sagte Großmutter lächelnd:

«Nur gut, daß du zum Schluß gerade noch die richtige Kurve gefunden hast. Ich hab dich schon als so 'ne Art Denkmal mit Kränzen und Blumen rundrum am Heldengedenktag gesehen.»

Paul Otto junior lächelte nicht, als er zu seiner nächsten vierwöchentlichen Kaffeestippvisite bei ihnen erschien.

«Na, hab ich Mulle hingekriegt?» erkundigte sich Großvater erwartungsvoll.

«Großartig», gab Paul Otto zurück. «Besser ging's nicht. Seitdem du mit ihr geredet hast, hab ich sie gestern zum zweitenmal von der Polizeiwache abholen müssen. Und als ich ihr anständig Bescheid stoßen wollte, hat sie gesagt: ‹Denkst du, wir haben das Anti und so erfunden? Frag mal Großvater. Ich halt mich bloß an die Familientradition.›»

EDDA RÖNCKENDORFF

Die Sache mit der Anzeige

Felix Hartmann war Reporter; es gehörte zu seinem Beruf, neugierig zu sein. An einem verregneten Samstag hatte er die Zeitung von Anfang bis Ende durchgelesen und war bei den Heiratsanzeigen auf einen Text gestoßen, den er so eigenartig fand, daß er ihm nachgehen wollte. Das Mädchen, das sich anpries, war 22 Jahre alt, groß und mußte schlank sein, weil man einfach nicht dick sein kann, wenn man einsfünfundsiebzig groß ist und 60 Kilo wiegt. Ferner war sie dunkelhaarig und hatte ein «angenehmes Äußeres». Darüber stand «Aus Mangel an Gelegenheit».

Wieso kann so ein Mädchen keinen Mann kennenlernen? fragte er sich. Warum will sie unbedingt mit 22 heiraten?

Am Abend ging er ins Kino. Der Film war schlecht. Er kam mißmutig nach Hause und dachte im Bett noch einmal an die Anzeige. Am nächsten Morgen regnete es immer noch. Als er in seinem Schreibtisch kramte, fiel ihm das Foto eines Freundes in die Hand. Der Freund sah gut aus; groß, blond, schlank, schmales Gesicht, sehr germanisch. Er hatte noch einen Vorteil: Er war schon seit zwei Jahren in Amerika und hatte dort gerade geheiratet.

Felix Hartmann war 27, rothaarig, einssiebzig groß, kein schöner Mann, hielt sich auch nicht dafür, lebte mit sich und der Welt in Eintracht und kam dank dessen mit seinen Freunden und den jungen Frauen in seinem Bekanntenkreis glänzend aus. Es gab in seinem Leben ein paar kleine Liebeleien, eine mittelgroße Liebe, die ihm ziemlich zugesetzt hatte, und in der Zeit danach eine Durststrecke, die immer noch anhielt. Vielleicht wäre alles anders gekommen, wenn es nicht in Strömen geregnet hätte. Aber so steckte er das Foto des Freundes in einen Briefumschlag, schrieb ein paar Zeilen dazu, in denen sich Dichtung und Wahrheit vermischten, bat um postlagernde Antwort unter seinem richtigen Namen, schrieb die Chiffrenummer auf den Umschlag und brachte den Brief zur letzten Sonntagsleerung zum Postkasten.

In den nächsten Tagen kam er nicht zu viel Privatleben. Er war Gerichtsreporter. In der Stadt hatte es einen riesigen Bauskandal gegeben, in dem es um viele Millionen ging. Die Verhandlungen waren lang und zäh; zahllose Zeugen machten ihre Aussagen, immer mehr Geschäftsleute, die bisher einen guten Ruf gehabt hatten, wurden in die Sache verwikkelt. Felix Hartmann saß jeden Abend bis spät in der Redaktion, tippte seine stenografierten Notizen ab und arbeitete sie in Berichte um, die nicht nur ihm, sondern auch seinem Chefredakteur gefielen. Als er am Wochenende wieder an die Annonce und eine mögliche Antwort dachte, war die Post schon geschlossen. Am Montag bekam er einen Brief ausgehändigt.

Die Schrift gefiel ihm, das Foto gefiel ihm noch besser, aber da er wegen des jungen Germanen in Amerika ein schlechtes Gewissen hatte, vermutete er, daß ihm Gleiches mit Gleichem vergolten werden konnte, und verließ sich nicht darauf, daß das klare Gesicht mit den großen Augen der jungen Dame gehörte, die mitteilte, sie lebe mit ihrem pflegebedürftigen Großvater zusammen, arbeite zu Hause für ein Schreibbüro, langweile sich und käme nie unter Menschen. In einem PS stand unter dem Brief: «Ich komme übrigens schon mit Menschen zusammen, sehr netten sogar, nur sind sie alle zwischen siebzig und neunzig.»

Auch sie bat um postlagernde Antwort. Angegeben war das Postamt eines der schöneren Vororte der Stadt. Er suchte im

Telefonbuch nach ihrem Namen, aber er kam nicht sehr weit, denn es gab viele Menschen namens Winter. Etwa zehn lebten in ihrer Gegend, alle verbargen sich hinter einem anonymen Buchstaben, und ob der Großvater C., K. oder J. Winter hieß oder ob er überhaupt Winter hieß, ließ sich nicht erraten. Mit ihrem Vornamen war das anders. Melanie Winter klang gut, ein bißchen altmodisch, ein Name aus einem Roman. Er sah das Bild an und malte sich ihre Mutter aus, eine frühere, zartere Ausgabe, eine romantische junge Frau.

Felix lachte über sich selbst.

In der Redaktion fragte er die Sekretärin: «Sag mal, Lotte, kennst du in eurer Gegend eine Familie Winter?»

«Nee. Wo sollen die wohnen?»

«Keine Ahnung. Postamt 29 ist alles, was ich weiß.»

Lotte, 35, verheiratet, eine Tochter, zog fragend die Brauen hoch. «Felix? Was hast du für ein Geheimnis? Schütte deiner mütterlichen Freundin dein Herz aus.»

«Gibt nichts auszuschütten. Es geht um einen alten, pflegebedürftigen Mann.»

«Ist es dir wichtig? Soll ich mal herumfragen?»

«Nein», wehrte er sehr glaubwürdig ab. «Es war nur eine Zuschrift ohne Adressenangabe.»

Als er dann an sie schreiben wollte, fingen die Schwierigkeiten schon bei der Anrede an. Was sagt man zu einem Mädchen, von dem man einen Brief und ein Foto bekommen hat? Liebes Fräulein Winter? Liebe Melanie? Wieso lieb, vielleicht war sie ein Besen? Er dachte an seinen jüngeren Bruder, der jeden Brief mit: «Hallo Felix» begann. Nach zwei Schnäpsen entschloß er sich zum lieben Fräulein Winter. Nach vier Schnäpsen hatte er es auf sechs Sätze gebracht, von denen ihm keiner gefiel. Nach dem fünften Glas machte er Bestandsaufnahme. Er hatte ein falsches Foto geschickt, sich als Lehrer ausgegeben, von seiner alten Mutter gefaselt, die er unterstützen müsse, während sich in Wirklichkeit seine Eltern bester Gesundheit erfreuten, er drei jüngere Geschwister hatte und niemand unterstützen mußte. Er zerriß den Brief und ging leicht angetrunken zu Bett.

Am nächsten Tag schrieb er ihr. Er nahm weder das Foto, das hinfällige Mütterlein oder den ehrbaren Lehrerberuf zurück, noch hörte er auf zu lügen, denn diesmal gab er vor, kein guter Briefschreiber zu sein. Er könne keine Gefühle in trockene Worte kleiden; er könne besser sprechen als schreiben und ob sie ihm nicht dazu die Gelegenheit geben wolle. Er habe leider kein Telefon, aber wenn sie ihm in ihrem nächsten Brief einen Treffpunkt nennen würde...

Nachdem der Brief abgeschickt war, hielt er die Angelegenheit für abgeschlossen. Kein halbwegs gescheites Mädchen konnte auf einen Trottel wie den Lehrer Felix Hartmann samt Mutter hereinfallen. Wenn sie nur ein bißchen Grips im Kopf hatte, durfte sie nicht glauben, daß jemand, der so aussah wie der Mann auf dem Foto, auf eine Heiratsanzeige antworten mußte, geschweige denn ein Lehrer, auf den im Schnitt an jeder Schule sicher fünf bis sechs junge Lehrerinnen kommen mußten.

Aber sie antwortete. Etwas kühl und unpersönlich. Als Treffpunkt schlug sie ein Café in der Innenstadt vor. «Sie werden mich sicher nach dem Foto erkennen. Ich ziehe einen marineblauen Mantel an und trage einen weißen Schal mit blauen Punkten. Ich freue mich auf unsere Begegnung.» Weitere Grußworte fehlten, und die Unterschrift Melanie Winter hätte unter einem Geschäftsbrief stehen können.

Das Mädchen, das im Café an einem kleinen Tisch saß, sah haargenau wie auf dem Foto aus. Auch der blaue Mantel und der weiße Schal mit Tupfen paßten zur Beschreibung. Felix Hartmann, im Schutze seiner roten Haare und aller anderen falschen Angaben, setzte sich zwei Tische weiter und wartete ab.

Sie war zu früh gekommen. Es war erst fünf vor sechs. Sie

war aufgeregt. Sie machte die Handtasche auf und zu, bestellte einen Kaffee und sah sich vorsichtig nach allen Seiten um.

Felix sah sich ebenfalls um. Seine und Melanie Winters Blicke streiften dabei mehrfach einen einsamen Herrn von etwa vierzig Jahren, der ebenfalls in strategisch günstiger Position in der Nähe der Treppe saß. Als es genau sechs Uhr war, sah das Mädchen zum drittenmal auf die Uhr. Der einsame Herr verriet sich nun. Er zog die Schultern hoch und grinste ihr freundlich zu. Sie nickte und lächelte zurück.

Aha, sie hatte sich also Hilfe mitgebracht! Felix fand das als unbeteiligter Beobachter gar nicht schlecht; als höchst beteiligten Zweiten des verabredeten Rendezvous brachte es ihn jedoch in eine mißliche Lage. Er beschloß, weitere fünf Minuten zuzugeben. Wäre sie allein gewesen, wäre sie erst nach ihm gekommen oder wären keine Tische mehr frei gewesen, hätte er etwas arrangieren können. Aber was sollte er nun machen?

Als er begann, ebenfalls nervös zu werden, und sich die zweite Zigarette ansteckte, kam ihm das Glück zu Hilfe. Das Café wurde ganz plötzlich voll. Zwei Damen mit vielen Päckchen und zwei quengelnden Kindern hielten nach einem Tisch Ausschau. Er nützte die Gelegenheit, sprang auf, bot ihnen liebenswürdig seinen Vierertisch an, ergriff sein kleines Tablett mit dem Kaffeekännchen und der Tasse, steuerte auf Melanie Winter zu, stellte erst das Tablett auf den Tisch und fragte dann: «Darf ich meinen Kaffee eben noch hier austrinken? Ich bin gleich fertig und störe Sie nicht lange.»

Er saß schon, ehe sie zu Wort kam.

«Ich warte noch auf jemand», sagte sie, fügte aber dann freundlicher hinzu: «Es macht nichts, bis dahin kann wieder was frei sein.»

Aus der Nähe gefiel sie ihm noch besser. Sie konnte so hübsch lächeln. Auf dem Foto hatte sie streng in die obere Bildecke geblickt. Er beobachtete wieder einen flüchtigen

Blickwechsel mit dem Herrn bei der Treppe. Irgendwie schien sie fast erleichtert zu sein, daß sie nicht mehr allein saß.

Ärgerlich war allerdings, daß er nun, wo er an ihrem Tisch saß und wie ein Wasserfall hätte reden müssen, kein vernünftiges Wort herausbekam. Er ertappte sich dabei, daß er «Schönes Wetter heute, nicht wahr?» sagen wollte. Der nächste Einfall war um nichts klüger. Denn: «Wie voll es plötzlich geworden ist!» grenzte an Schwachsinn – war Schwachsinn.

«Zwei Kognak», sagte er zur Kellnerin, die plötzlich neben ihm auftauchte.

«Aber –» Melanie machte eine abwehrende Handbewegung.

«Oh, Sie werden ihn brauchen, glauben Sie mir das», sagte er grimmig. «Sie warten nämlich auf mich.»

«Keineswegs!»

«Schön, wenn Sie's mir nicht glauben, muß ich weitschweifig werden. Sie sind mit einem nordischen Schönling namens Felix Hartmann verabredet. Er hat Ihnen geschrieben und sein Foto geschickt . . .»

«Und Sie sind sein Freund?»

«Nein oder ja, wie man's nimmt.»

«Wie nimmt man's denn?»

«Wenn Sie weiterhin so viel reden, kann ich Ihnen das nie erklären. Würden Sie mir mal geduldig zuhören?»

«Ich will es versuchen.»

«Himmel! Wer soll Sie jemals heiraten, wenn Sie immer das letzte Wort behalten wollen . . .»

«Sie hatten mir eine Frage gestellt, und ich habe sie beantwortet.»

Der Kognak kam. Sie hatten beide schon rote Köpfe, sie brauchten den Kognak gar nicht mehr, tranken ihn aber dennoch. Er verschluckte sich, hustete, sie klopfte ihm auf den Rücken.

«Danke. Auf Ihre dümmliche Annonce habe nämlich ich geantwortet. Ich habe Ihnen –»

«Wieso dümmlich?»

«Wenn man so hübsch ist wie Sie, wenn man so viel Geschmack hat wie Sie – damit meine ich den Mantel und den Schal –, wenn man so schlau ist wie Sie und so vorsichtig – damit meine ich den Herrn an der Treppe, der im Augenblick nicht weiß, ob er eingreifen soll oder nicht –, dann braucht man doch keine Männer per Anzeige zu suchen. Nein, halt, nicht schon wieder unterbrechen! Das mit dem Herrn können Sie gleich noch erledigen. Ich habe geschrieben, weil ich neugierig war. Das auf dem Foto ist wirklich ein Freund, aber er kommt nicht. Er ist in Amerika und frisch verheiratet.»

«Sie sind unverschämt.»

«Jawohl. Das gebe ich zu. Sie aber habe ich im Verdacht, daß Sie schwindeln. Wie ist das mit dem gelähmten Großvater?»

«Ich habe nie gesagt, daß er gelähmt wäre.» Nun hatte sie rote Ohren bekommen. «‹Pflegebedürftig› hatte ich geschrieben, und das ist er.»

«Das ist ein dehnbares Wort. Jeder Mensch ist pflegebedürftig. Ich übrigens auch. Ich brauche schon lange jemanden, der mich pflegt.»

«Dafür haben Sie doch Ihre alte Mutter, die Sie unterstützen. Die wird Sie sicher vergöttern und Ihnen jeden Wunsch von den Augen ablesen. Und was sie nicht kann, können Ihre reizenden Kolleginnen an der Schule. Wie wird man übrigens Lehrer, wenn man sich nicht schriftlich ausdrücken kann?»

Plötzlich begannen sie beide zu lachen. Erst ganz leise, dann steckten sie sich gegenseitig an und lachten immer mehr. Die Leute im Café drehten sich schon zu ihnen um und betrachteten sie neugierig. Aber weil sie so herzhaft lachten, dauerte es nicht lange, bis überall an den Tischen gekichert und gegrinst wurde.

Felix faßte sich zuerst. Er holte tief Luft und fragte dann: «Ist es Ihnen recht, wenn wir ganz von vorn anfangen?»

Sie gluckste immer noch und konnte nur nicken.

«Also», sagte er und dachte dabei gleich, daß man seine Sätze nie mit «also» beginnen sollte. «Also, ich heiße wirklich Felix Hartmann. Wenn ich mich sehr gerade halte, bin ich einszweiundsiebzig. Ich habe keine alte, sondern eine ganz normale Mutter und einen ebenso normalen Vater, der für seine Frau und seine vier Kinder durchaus aufkommen kann. Ich bin der älteste, meine drei Geschwister studieren noch. Ich bin Journalist.»

Als er soweit gekommen war, ging der Herr vom Tisch an der Treppe an ihnen vorbei. Er nickte dem Mädchen zu und wollte weitergehen, aber sie hielt ihn zurück.

«Hans, warte noch! Es ist alles ganz verrückt. Du mußt mir helfen!»

Felix stand auf und stellte sich vor.

Der Herr sah ihn etwas überrascht an und sagte dann: «Winter.»

«Sind Sie der Großvater?»

«Und Sie der schöne Lehrer?»

«Eins zu null für dich», stellte das Mädchen fest.

Der Herr bat am Nebentisch um einen freien Stuhl, zog ihn herüber, setzte sich und erklärte: «Ich bin Melanies Bruder. Das werden Sie nicht glauben, aber sie ist zwanzig Jahre jünger. Wir haben gewettet...»

«Um mich?»

Wenn sie lachten, sah man auf einmal, daß sie Geschwister waren.

«Nein, Sie kommen erst etwas später ins Spiel. Eigentlich auch nicht Sie, sondern der Herr, der auf dem Foto war. Die Wette läuft zwischen Melanie, unserem Großvater und mir. Großvater und ich haben mit Melanie gewettet, daß sie nicht wagt, eine Heiratsanzeige aufzugeben und sich dann auch noch mit einem Bewerber um ihre Hand zu treffen.»

«Was hat sie denn gewonnen?» fragte Felix interessiert.

«Meine Schwester hat eine merkantile Ader. Sie wettet ausschließlich um weltlichen Besitz. Aber wieso sind Sie hier? Wo ist der schöne Mann vom Foto? Nein, Verzeihung, das geht nur Melanie und Sie etwas an. Ich bin mit ins Café gegangen, weil ich mich überzeugen wollte, daß die Wette stimmt – und um auf meine Schwester aufzupassen.»

Der Nachsatz geriet etwas zu streng, aber Felix, der an seine beiden jüngeren Schwestern dachte, konnte ihn gut verstehen.

«Ich bin Journalist», sagte er dann erklärend. «Ich habe zufällig die Anzeige gelesen, und weil ich neugierig bin, wollte ich wissen, warum ein Mädchen wie Ihre Schwester so dringend nach einem Mann sucht. Jetzt weiß ich es.» Er drehte sich zu Melanie um. «Sie haben geschwindelt und ich habe geschwindelt. Wir sind quitt, meinen Sie nicht auch? Haben Sie noch mehr Anwärter, mit denen Sie sich treffen müssen?»

«Nein, ich hab allen abgeschrieben.»

Felix grinste breit. «Nur mir nicht, weil ich der Schönste war...»

«Und wegen Ihres Briefstils», sagte der Bruder.

Darüber lachten sie wieder.

«Ich hab mir heute abend frei genommen», erklärte Felix. «Ich wußte nicht, wie lange solch erste Begegnungen dauern. Wie fänden Sie es, wenn wir jetzt alle zusammen zu Abend äßen? Irgendwie muß dieses Treffen doch den richtigen Abschluß finden. Haben Sie Lust?»

Bruder und Schwester wechselten einen Blick. Felix kannte das nun schon. Dann lehnte sich der Bruder zurück und überließ Melanie das Feld.

Sie druckste herum. «Das Abendessen ist schon eingeplant. Ich habe es vorbereitet, weil ich die gewonnene Wette feiern wollte... mit meinem Großvater und mit meinem Bruder...»

Plötzlich fiel es ihm schwer, den heiteren Tonfall beizubehalten. «Aber ich bin nicht eingeplant. Mich wollten Sie bis dahin los sein, ja?»

«Ja», sagte sie ehrlich. «Aber jetzt kennen wir Sie, und jetzt müssen Sie mitkommen. Schon wegen Großvater!»

Geschieht dir ganz recht, dachte Felix. Mitkommen darfst du, aber nicht wegen dieses verdammt hübschen Mädchens, sondern wegen des pflegebedürftigen Großvaters, der auch was davon haben soll. Felix, die Suppe hast du dir selbst eingebrockt, nun löffle sie hübsch artig aus! «Ja, gern», sagte er.

Wenig später stand er in einem riesigen, holzgetäfelten Wohnzimmer einem schmächtigen, weißhaarigen Herrn gegenüber, der sich auf einen Stock stützte.

«Hartmann.» Felix verbeugte sich und umfaßte vorsichtig die knochige Hand, die ihm entgegengestreckt wurde. «Ihre Enkel werden Ihnen erklären, warum ich hier bin, Herr Winter.»

«Ich nehme an, daß Sie das auch können. Melanie, wenn du uns beide schon ein Auto kostest, kannst du dich jetzt ums Essen kümmern. Hans, übernimmst du die Getränke?»

«Ja, Großvater.» Sie sagten es im Chor und gingen hinaus. Der alte Mann lachte leise und rauh. «Es hat Vorteile, wenn man bald neunzig wird. Sie gehorchen mir aufs Wort. – Und nun erzählen Sie mir, warum Sie hier sind und nicht der Mann, der Melanie geschrieben hat.»

Während Felix erzählte, zündete sich der alte Herr eine Zigarre an und hörte zu. Ein paarmal lachte er vor sich hin, aber dann musterte er ihn aus blaßblauen, wäßrigen Augen so lange, bis Felix verlegen wurde und zu stottern begann. Endlich faßte er sich. «Ich schäme mich ziemlich...»

«Hm. Dann muß ich mich auch schämen, denn ich habe zuerst die Idee mit der Wette gehabt.»

«Warum?»

«Warum ich das angezettelt habe? Weil ich wollte, daß das Kind mal was Spannendes erlebt. Sie meint, sie kann mich nicht allein lassen. Mein Enkel hat eine Frau und Kinder, und ich finde, daß alte Leute für ihre Familie leicht zu einer Landplage werden. Ich habe nur diese beiden Enkel. Wenn ich ihnen schon zur Last falle, sollen sie sich nicht auch noch mit mir langweilen. Darum dachte ich mir, wenn Melanie einen netten Mann findet, kann der vielleicht mit ihr hier in diesem großen Kasten leben, wenigstens, bis ich nicht mehr da bin. Nun hat das nicht geklappt, und ich muß mir wieder was Neues ausdenken. Oder wollen Sie sie vielleicht doch heiraten?»

Felix wußte schon wieder nicht, was er sagen sollte. Er schnappte hilflos nach Luft. «Ich kenne sie doch gar nicht», murmelte er endlich.

«Wenn sie siebzig ist, werden Sie sie nicht viel besser kennen», sagte der alte Herr grimmig. «Das wäre kein Grund.»

Felix wurde durch die Rückkehr der Enkel gerettet und verbrachte einen der lustigsten Abende seines Lebens. Am nächsten Tag rief er Melanie an.

«Herr Hartmann?» fragte sie gedehnt und mußte dann lachen.

«Liebes Fräulein Winter, ich muß Ihnen ein Geständnis machen. Ich habe mich gestern abend verliebt, sehr verliebt ...»

«Oh, ich weiß», sagte sie liebenswürdig und kühl, «in meinen Großvater. Das ist nicht neu. Aber um seine Hand müssen Sie selber anhalten.»

Vom Rollerfahren
und vom lieben Gott

Die Verkäuferin im Salzburger Spielwarengeschäft überkam eine stille Verzweiflung, als Hein Rüttger ihr seinen Wunsch vortrug. Sie sah sich vor eine unlösbare Aufgabe gestellt. Dieser stattliche ältere Mann verlangte einen Roller, der gleichermaßen für ihn selbst wie für ein dreijähriges Kind bestimmt sein sollte. «Für ein sehr kleines Kind», wie er hinzufügte, indem er die flache Hand dicht über den Boden hielt. Zur weiteren Orientierung kramte er ein Kärtchen aus seiner Brieftasche und reichte es zur Einsichtnahme hin. «Meine letzte Wiegekarte, bitte!»

Ein Blick auf die abnorm hohe Kiloziffer brachte das junge Mädchen vollends aus der Fassung. Was stellte dieser Riese sich vor? Sie waren doch hier kein Fuhrunternehmen.

Ein männlicher Kollege wurde zu Rate gezogen, weil sie allein nicht weiterkam, und als auch dies nichts half, riefen sie den Geschäftsführer und beratschlagten zu viert. Die Auswahl in der Rollerabteilung war beachtlich, es gab die zweirädrigen Dinger in verschiedenen Größen und Stärken. Der Verkäufer nahm eines heraus.

«Hier hätten wir ein besonders stabiles Stück für ältere Knaben – wenn Sie es ausprobieren möchten, bitte!»

Hein Rüttger schüttelte den Kopf. «Zu hoch», entschied er, «meine Enkelin könnte ja nicht einmal die Lenkstange fassen.»

Ein kleines hölzernes Gestell wurde aus der Reihe geholt,

es schien massiv gebaut und war sehr niedrig. «Das wäre ein Modell für eine Dreijährige.»

Unser Großvater stellte seinen Fuß darauf, der zum leichten Schrecken aller Anwesenden das ganze Trittbrett ausfüllte, und schrumpfte beim Griff nach der Lenkstange bis zur Unkenntlichkeit zusammen. «Mein Herr!» rief er zornig und blitzte den Geschäftsführer unter seinen buschigen Augenbrauen an, «wollen Sie einen Wurzelsepp aus mir machen? Ich brauche einen Roller, auf dem ich meiner Enkelin zeigen kann, wie sie fahren soll.»

Ja, soo! Jetzt war man im Bilde, und warum er das denn nicht gleich gesagt habe? «Da wird der Herr halt beide Roller nehmen müssen, wenn's beliebt. Und wenn's, bitt' schön, dem Herrn nicht zu teuer ist.»

Für seine Enkelin war ihm kein Preis zu hoch. Hein Rüttger zahlte die Summe ohne Aufhebens. Die vorgeschlagene Lösung stellte sich für ihn als das Ei des Kolumbus dar – er wäre von selbst nicht darauf verfallen.

«Und an welche Adresse dürfen wir die Sachen schicken?»

«Wieso schicken?» brummte er. «Die nehme ich gleich mit, wie sie sind. Das Packpapier können Sie sparen, man weiß sowieso nie, wohin damit.»

Während er, mit seiner Fracht den Ausgang blockierend, ins Freie trat, hatte er das unangenehme Gefühl, als starrten zahllose Augenpaare hinter ihm her. Der schwere, mit Metall beschlagene Roller «für ältere Knaben» hing über seiner linken Schulter, in der rechten Hand trug er das kleine Modell aus Holz. In dieser Aufmachung erweckte er den Eindruck, als begäbe er sich geradewegs zu einem Wettkampf für Rollerfahrer.

Gleich morgen – so nahm er sich vor – wollte er seine Enkelin in die Kunst des Rollerfahrens einweihen. Maresi war nämlich bei aller Feingliedrigkeit sehr ungelenk, weil keiner im Haus sich die Zeit nahm, mit ihr spazierenzugehen oder an einem Spielgerät zu üben, damit sie ihren Körper beherrschen lernte. Dazu war er, der Großvater, jetzt da; dafür würde er seine Urlaubstage in Salzburg nutzen.

Die abschüssige Straße unmittelbar vor dem Haus eignete sich nicht gut für einen Lernbeginn. Hein Rüttger erforschte das Gelände. Wo die Sackgasse zu Ende war, öffnete sich ein weitläufiger Park mit flachen, festgetretenen Wegen. Das hohe Gittertor stand halb offen, man hätte ohne weiteres hindurchgehen können, wäre das einschüchternde Schild nicht gewesen: «Unbefugten ist der Zutritt strengstens untersagt.»

Eine Weile verhielten die beiden Sportler mit ihren Fahrzeugen davor, dann machte der Großvater Anstalten, sich über das Verbot hinwegzusetzen. Maresi hielt ihn erschrocken fest.

«Da dörfen wir nich hinein, Opa, da wohnen feine Leute.»

«Feine Leute! Was verstehst du darunter?»

Maresi überlegte. «Ein Baron oder ein Graf oder ein Först, hat Papi gesagt. Wir dörfen nich in seinen Park, sonst schimpft er.»

Der Opa wurde bockig. Leute, die sich mit Warntafeln, Fußangeln oder bissigen Hunden wichtig machten, konnte er nicht ausstehen, mochten sie gleich Grafen oder Fürsten sein. Vor bissigen Hunden fürchtete er sich nicht. Wenn ihn ein Hund anfletschte, pflegte er zurückzufletschen. Meist aber genügte schon der Anblick seiner kolossalen Höhe und Breite, damit ein Tier vor ihm die Flucht ergriff.

«Komm, Maresi, wir versuchen es trotzdem. Mit deinem Opa schimpft man nicht so leicht.»

Sie kamen unbehelligt hinein und blieben es, weit und breit war kein Mensch zu sehen.

«Und nun gib acht, Kind, ich mache dir's vor. Den rechten Fuß setzt man auf das Trittbrett, mit dem linken stößt man sich ab.»

Das stabile Modell für ältere Knaben erwies sich als belastbar, wenngleich für unseren Großvater doch etwas niedrig.

Indes brauchte er seine Gestalt nicht zu der eines Wurzel-männchens herunterzuschrauben. Es genügte, den Rücken und die Knie zu krümmen – schon sauste er auf den großen Vollgummirädern davon, mit wehenden Haaren und flatternden Rockschößen. Vor dem Herrenhaus stieg er ab und wendete. Für eine rasante Kurve war der Parkweg zu schmal.

Das Haus, in Schönbrunner Gelb gestrichen, wirkte wie ausgestorben. Die grünen Jalousien hatte man allenthalben heruntergelassen. Der «Först» – oder was er schon war – befand sich anscheinend auf Reisen.

«Du kannst das aber fein!» lobte das Kind, als der Großvater sich ihm in vollem Tempo wieder näherte. «Maresi muß das auch mal versuchen.»

Sie hatte durchaus begriffen, wie sie es anstellen mußte, aber die Kluft zwischen Theorie und Praxis zu schließen wollte ihr nicht gelingen. Sie betätigte ihre beiden Füße in einer Weise, als hätte der eine mit dem anderen nichts zu tun. Entweder schob der Roller sich vorwärts, dann hinkte der Fuß am Erdboden nach; setzte sie dagegen den linken Fuß zuerst in Bewegung, geriet der rechte mitsamt dem Roller hoffnungslos ins Hintertreffen. Hein Rüttger fand seine trüben Ahnungen bestätigt. Seine kleine Maresi war steif und ungelenk, es wurde höchste Zeit, daß sie es lernte, ihre Gliedmaßen harmonisch zu gebrauchen.

Das gutwillige, jedoch erfolglose Kind blickte bekümmert zu ihm auf. «Maresi schafft es nicht alleine», kam es verzagt. «Der Opa muß Maresi helfen. Der Opa muß den Roller festhalten.»

Sein Gesicht umwölkte sich. So etwas Ähnliches hatte er kommen sehen. Aber hier gab es kein Entrinnen: wer A sagt, muß auch B sagen.

Das größere Fahrzeug wurde beiseite gelegt, Hein Rüttger bekam es jetzt nur noch mit dem kleineren zu tun. Als er sich bückte, um Maresis Lenkstange zu halten, sah es aus, als klappte ein riesiges Taschenmesser zusammen. Aber so ging es wirklich, so ging es einfach fabelhaft! Der Opa schob den Roller, und Maresi brauchte sich lediglich auf ihren Fuß am Boden zu konzentrieren. Sie trabte und trabte, Zunge im Mundwinkel, Augen geradeaus. Zwischendurch juchzte sie im Vollgefühl ihrer Kräfte und in der vollendeten Einbildung, daß sie selbst es sei, die dieses Kunststück zustandebringe. Trab-trab-trab zum Herrenhaus, trab-trab-trab zurück zum Tor, wieder und wieder, denn das Kind war auf den Geschmack gekommen.

Bei der vierten Runde litt der Großvater bereits an Halluzinationen. Er fühlte sich wie in einer mittelalterlichen Folterkammer. Dort gab es ein infames Werkzeug, einen Eisenring, in welchen man Hände und Fußgelenke eines Sträflings gleichzeitig hineinpreßte. Krummschließen, nannte man das, er erinnerte sich gut.

«Noch einmal, Opa. Maresi kann es jetzt so dut. Maresi muß es bloß noch üben.»

Nach der fünften Runde hatte der krummgeschlossene Großvater es satt. Auch die Geduld eines sehr lieben Opas kennt Grenzen.

«Aufhören, Maresi! Für heute ist's genug. Dein Opa ist müde.»

Maresi sah ihn ungläubig an. «Duuu bis müüüde!» Sie nahm ihm das nicht ab, ja sie begründete ihre Zweifel an seiner Behauptung sogar mit einigen umständlich vorgebrachten Beweisen. Wer war denn hier Roller gefahren, er oder sie? Sie, Maresi, hatte den Roller angetrieben und war mit ihm losgebraust, der Opa hatte ihn doch «nur» festgehalten. Und jetzt wollte er müde sein? Unglaublich. Maresi ließ durchblicken, daß sie ihren Opa für faul hielt. Er hatte keine Lust mehr, das war's. Immer drückten sich diese Erwachsenen, wenn die Kinder spielen wollten. Die Mami, der Papi, die Tante Steffi – aus Maresis Argwohn sprachen leidige Erfahrungen.

Das dumme Mißverständnis schwelte noch zwischen

ihnen, als sie sich, jeder seinen eigenen Roller schiebend, auf den kurzen Heimweg begaben. Das Kind schmollte, und der in jeder Hinsicht gebeugte Großvater beneidete die Parkbäume, die kerzengerade gen Himmel ragten. Er hätte das «Modell für ältere Knaben» lieber über seine Schulter gehängt, als es neben sich her zu führen, aber seine Schultern schmerzten, als steckten Messer darin.

Um Maresi zu versöhnen und für die Enttäuschung zu entschädigen, versprach der Großvater ihr noch am gleichen Abend, mit ihr den Dom zu besichtigen. Sie war noch nicht im Dom gewesen, sei es, daß die Eltern keine Zeit gehabt, sei es, daß sie gefunden hatten, es habe damit noch Zeit. Der Großvater aber vermeinte, der kleinen Enkelin das Gotteshaus schon erklären zu können. Er wählte einen Tag mitten in der Woche.

Weil das Wetter gut war, machten sie einen kleinen Umweg durch die Parkanlage von Mirabell. Hein Rüttger, der sich eigentlich mit dem Park vertraut glaubte, verfiel aufs neue ins Staunen. Denn man muß ihn an einem Spätsommertag wie diesem durchschreiten, wenn erste Spinnwebfäden sich von einem Rosenstock zum anderen ziehen, wenn das Licht sich sanfter über Beete und Statuen ergießt und der Himmel dennoch einer glasklaren Kuppel gleich den Garten und das Schloß überwölbt – wie man da eine nie gekannte Leichtigkeit des eigenen Körpers erfährt, als löse er sich vom Boden und beginne zu schweben. Hier sind die Dinge nicht einfach nur vorhanden, hier spielen sie mit und geben Antwort in einem heiteren Zwiegespräch zwischen Mensch und Natur. Wir finden den Garten Eden an jedem Platz, wo der Mensch die ihm verliehenen Gaben sinnreich entfaltet, wo er sich vom Schöpfer einfach nur das Werkzeug reichen läßt und ihm demütig an die Hand geht, nicht nach menschlichem, sondern nach göttlichem Plan.

Das Kind, das an seiner Seite dahintrippelt, manchmal auch ungeduldig hüpft, kann dies alles nicht empfinden, es ist sich selbst noch zu nah. Denn darin besteht die verschwiegene Gnade des Altwerdens, mögen die körperlichen Kräfte auch nachlassen: daß man Abstand gewonnen und in die Scheuern gesammelt hat, Erlebnisse und Erfahrungen und die Fähigkeit, nicht immer überall weiterzuwollen, vielmehr stillzuhalten und einen Tag wie diesen zu genießen als ein unverdientes Geschenk.

Über die Salzachbrücke trug er die Enkelin auf den Armen, erst auf dem Domplatz stellte er sie wieder hin.

Glaube, Liebe, Hoffnung, und die Liebe ist die größte unter ihnen. Drei Tore führen in den Dom, und durch das mittlere und größte, das Tor der Liebe, treten sie ein. Den Torgriff schmücken die Symbole des Liebesmahls, Ähre und Traube, Brot und Wein.

Im Innern umfing sie zunächst der Dämmerschatten des Langhauses, und Maresi ging auf Zehenspitzen an des Großvaters Hand durch den mittleren Gang, magisch angezogen von dem lichterfüllten Platz, dem sie zustrebten. Dort fielen die Sonnenstrahlen gebündelt durch die Kuppelfenster, eine Himmelsleiter in den Farben des Regenbogens. Vor solcher Höhe wurde Maresi noch kleiner, auch vor Ehrfurcht an diesem ungewohnten Ort. Sie bewunderte den aufrecht gehenden Großvater, dessen Kopf ihr ganz ferne schien, irgendwo da oben in der Nähe vom lieben Gott. Ihr wurde ein wenig bang.

«Maresi darf nich hinaufschaun, Maresi wird ganz schwindelig.»

Wieder nahm er sie auf den Arm. «Sprich leise, Kind!»

«Warum?» fragte sie flüsternd. «Schläft er denn jetzt, der liebe Gott?»

Gott – hatte sie gesagt, nicht «Dott». Sein Ohr erfaßte beglückt auch den kleinsten Fortschritt in ihrer Entwicklung.

«Gott schläft nie, Maresi, er paßt immer auf die Menschen auf. Auch wenn du ganz allein bist und dich fürchtest, ist er in der Nähe und beschützt dich.»

«Und schläft nie, Opa, auch nicht in der Nacht?»

«Nein. Auch in der Nacht wacht er über uns.»

Darüber mußte Maresi erst einmal gründlich nachdenken. Dann kündigte sich auf ihrer Stirn die nächste Frage an. «Warum hat Gott so ein hohes Haus? Is er so dooß?»

«Ja, er ist sehr groß.»

«So dooß wie du, Opa?»

«Noch viel größer. Er ist so groß, daß kein Haus ihn fassen kann, auch dieser Dom nicht. Den haben die Menschen so hoch erbaut, damit sie sich immer daran erinnern, wie groß Gott ist. Aber er kann sich auch klein machen, so klein, daß er in dein Herz hineinpaßt. Das alles kann Gott, und noch viel mehr.»

«Dann kann er auch Roller fahren?»

Diese Frage brachte den Hein Rüttger vorübergehend ins Wanken, doch glaubte er sie nicht verneinen zu dürfen.

Abends ließ sich Maresi vom Großvater zu Bett bringen und sagte ihr gewohntes Nachtgebet auf. Im Anschluß daran sprach sie zu Gott noch ein paar persönliche Worte. «Lieber Gott, diese Nacht geh du mal ruhig schlafen. Du mußt doch schrecklich müde sein. Heute brauchs du auf Maresi nich aufzupassen, das macht ja der Opa.»

«Amen», sagte der wachsame Opa in fröhlicher Ergriffenheit, küßte die Enkelin auf die Stirn und knipste die Nachttischlampe aus.

Die Geschichte
vom Wunsch aller Wünsche

In die fröhliche Stadt der Kinder
kamen drei Zauberer einst:
Der erste hieß Borstenbinder,
der zweite Siebenzylinder
und der dritte Wasdunichtmeinst.
Sie zauberten hier und zauberten dort
manches Stücklein in bunter Gestaltung.
Und die Kinder dankten mit freundlichem
  Wort
für die lustige Unterhaltung;
doch manches fragte sich heimlich dabei:
Sind sie gut oder böse, die seltsamen drei?
Man weiß es oft nicht.

Als der Tag der Abfahrt gekommen,
baten die Zauberer früh,
ehe sie Abschied genommen,
die Kinder zum Marktplatz zu kommen.
Und dies verkündeten sie:
«Wir sind eurer Freundlichkeit eingedenk.
Ihr zolltet den Künsten Verehrung.
Drum bieten wir als Abschiedsgeschenk
eines einzigen Wunsches Gewährung.
Dieser Wunsch, den ihr sagt – sei er groß
  oder klein –,

wird im selben Moment euch erfüllet sein.»
Was sagst du dazu?

Da berieten die Kinder sich lange,
was am besten zu wünschen sei;
denn wie schlau man's auch immer anfange,
sobald man das eine erlange,
sei's mit allem andern vorbei!
Darum sprachen sie schließlich zu den drei
   Herrn:
«Verzeiht, wenn wir allzuviel wagen!
Unser einziger Wunsch ist: Wir möchten
   gern,
daß *jeder* Wunsch, den wir sagen,
sofort sich erfüllt.» – «Ihr habt es begehrt»,
so sprachen die dreie, «es sei euch
   gewährt!»
Da staunst du nun wohl!

Dann zogen sie fort mit dem Wagen.
Die Kinder der Kinderstadt
fingen an, sich voll Neugier zu fragen,
ob ein Spruch, den drei Zauberer sagen,
so mächtige Wirkung hat?
Sie probierten es aus, erst heimlich noch
   zwar –
und staunten ganz unaussprechlich:
Jeder Wunsch, den man sagte – ganz gleich,
   was es war –,
ging sogleich in Erfüllung, tatsächlich!
Und die Kinder riefen voll Übermut:
«Da sieht man's – die Zauberer waren gut!»
Das ist doch ganz klar!

Ihr könnt euch wohl selber denken,
was nun für ein Wünschen begann:
Der wollte ein Auto zum Lenken,
der andre zehn Reiseandenken,
der dritte 'nen Hampelmann,
Spielzeug und Kuchen und Eisenbahn,
Samt und Seide und Felle,
Schlittschuhe, Kaugummi, Kreisel und
 Kran,
goldene Kronen und Bälle,
Puppen und Bücher und Kram und Trara:
Was man nur wünschte, sofort war es da!
Das möcht'st du wohl auch?

Das war schon ein Jahr so gegangen,
und der Zauber hielt immer noch an!
Die Kinder begannen zu bangen;
denn kann man stets alles erlangen,
verliert man die Freude daran.

Und sie wünschten sich weniger Tag für Tag:
Alles kriegen ist unausstehlich!
Und wenn einer sich gar nichts mehr
 wünschen mag,
dann macht ihn auch gar nichts mehr
 fröhlich.
Die Kinder saßen mit traurigem Blick
unter all ihren Schätzen – im Mißgeschick.
Das glaubst du wohl nicht?

Da schickten sie Fährten-Finder
in die weite Welt hinein
zu suchen Herrn Borstenbinder
und den andern, Herrn Siebenzylinder,
und Herrn Wasdunichtmeinst obendrein,

und sie sollten bestellen: «Nehmt's wieder,
    dies Glück!
Unsre Freude ist dadurch verschwunden.»
Doch die Boten, sie kamen einzeln zurück,
hatten nirgends die dreie gefunden.
Da klagten die Kinder: «Daß Gott uns erlös!
Und jetzt wissen wir's erst: Die drei waren
    bös!»
Das denkst du doch auch?

Und Verzweiflung beschlich sie im stillen.
Da ergriff eins der Kleinsten das Wort:
«Wenn sich all unsre Wünsche erfüllen,
dann wünschen wir einfach mit Willen
die Wünsche-Erfüllung fort!»
Sie befolgten den Rat und von Stund an war
wieder spannend das Leben und heiter.
Die Kinder war'n froh wie vor Tag und Jahr
und vielleicht gar ein wenig gescheiter.
Nur eine Sache wüßt' ich noch gern:
Waren gut oder bös die drei seltsamen Herrn?
Sag, was meinst du?

Großväter
sind
nostalgisch

CLARA VON ARNIM

Ein ungleiches Paar

Als ich drei Jahre alt war, wurde ich zusammen mit meinem kleinen Brüderchen Hans Karl zum ersten Mal auf eine Reise mitgenommen, um meine Großeltern Ratjen, die Eltern meiner Mutter, zu besuchen. Sie bewohnten eine riesige Villa im wilhelminischen Stil in Düsseldorf, wo mein Großvater das Amt des Oberlandesgerichtspräsidenten bekleidete. Im obersten Stock waren drei Zimmer eigens für die Enkelkinder eingerichtet. Wenn ich dort am Fenster auf einen Stuhl stieg, konnte ich weit unten im Tal die vielen Dampfer, Boote und Schleppkähne auf dem Rhein fahren sehen. In diesen Räumen lebte die Puppe Annemarie, die so groß wie ich war. Großmutters Jungfer hatte für sie liebevoll die zierlichste Wäsche und Garderobe genäht: Spitzenhöschen und -hemdchen, Matrosenkleid mit Mütze und Schlips und sogar einen pelzbesetzten Wintermantel mit Muff.

Während dieses Besuchs erkrankte plötzlich mein eineinhalbjähriges Brüderchen an Diphtherie, und die Erwachsenen waren daraufhin nur noch um ihn besorgt und bemüht. Mir wurde das Getue bald zuviel, ich bekam einen Bock und schlug voll Zorn auf den Porzellangriff seines Kinderwagens. Der Griff zersprang und schnitt dabei in meine Hand. Die Wunde ging tief, und man machte mir einen großen Verband.

Gerade um diese Zeit hatte Großmutter beschlossen, daß ich gemalt werden sollte, in voller Lebensgröße und im Stil von Gainsborough. Mein Vetter Hans hing schon als «Blue Boy» an der Wand. Bei den quälend langen Sitzungen brachte ich die Malerin fast zur Verzweiflung. Denn meine verbundene Hand plagte mich, und ich machte ein weinerlich-trotziges Gesicht. Sie zauberte mich jedoch mit einem lieblichen Lächeln auf die Leinwand. Ich hielt zierlich-manierlich eine zartrosa Heckenrose in der Hand, selbige natürlich ohne Verband.

Ich schäme mich zu schreiben, daß ich als Kind Großmutter Minna arg häßlich fand und immer wie Rotkäppchen denken mußte: «Ei, Großmutter, was hast du für eine große Nase! Ei, Großmutter, was hast du für ein entsetzlich großes Maul!» Aber es war nicht zu leugnen, sie hatte wirklich einen entsetzlich großen Mund und eine entsetzlich große Nase, kleine Augen mit stechendem Blick und eine gelbe Haut. Ihr Haar trug sie straff nach oben über ein Haarteil frisiert. Ihre ungemein stattliche Figur hielt sie in ein strammes Korsett gepreßt, und sie war stets schwarz gekleidet.

Ob wohl jede Frau so häßlich aussieht, wenn sie alt wird, fragte ich mich. In der großen Diele entdeckte ich von ihr ein Porträt, das sie in ihren jüngsten Jahren zeigte. Da war sie auch nicht hübscher gewesen.

Meinen Großvater dagegen fand ich sehr schön. Außerdem war er gütig und zu allen Menschen gleichermaßen freundlich. Er konnte lange und ernsthafte Gespräche mit mir führen, und ich hing sehr an ihm.

«Wie mag der Großvater wohl an diese häßliche und strenge Frau geraten sein?» fragte ich mich.

Erst viel später erfuhr ich das Geheimnis. Es nimmt sich im Endergebnis banal aus; wenn ich aber die Vorgeschichte dazu erzähle, ist es, als würde ich ein Stück deutscher Geschichte referieren.

Großmutter Minna war die Tochter des Industriellen Gustav von Mevissen und entstammte einer alteingesessenen Dülkener Fabrikantenfamilie, die seit Generationen am Niederrhein Webereierzeugnisse herstellte und vertrieb. Der frühe Tod seines Vaters zwang den vielseitig begabten, zielstrebigen und weltoffenen Gustav, seine intensiven philosophischen, literarischen und volkswirtschaftlichen Studien abzubrechen, um den Familienbetrieb zu übernehmen. Als einer der bedeutendsten und erfolgreichsten Unternehmer in der Zeit der Industrialisierung in Deutschland hatte er entscheidenden Anteil am Aufstieg der rheinischen Großindustrie, die sich in Konkurrenz zur englischen entwickelte.

Frühzeitig erkannte er die Bedeutung des Transportwesens für Handel und Industrie und forcierte als Präsident der Rheinischen Dampfschiffahrtsgesellschaft sowie der Rheinischen Eisenbahngesellschaft dessen Ausbau. Die Kölner Rheinuferbahn ist sein Werk. Er hatte aber auch ein offenes Auge für die sozialen Folgen der Industrialisierung. Als einer der Vertreter der rheinischen Liberalen war er 1847 Abgeordneter im Vereinigten Landtag in Berlin und 1848 im Paulskirchen-Parlament in Frankfurt am Main. Seine sozialreformerischen Pläne und seine Bemühungen um eine Demokratisierung des politischen Lebens in Deutschland scheiterten am Widerstand der preußischen Bürokratie. Sein Freund, der Nationalökonom Gustav Schmoller, schrieb über ihn in dem Buch «Charakterbilder» (1913):

Seine sozialpolitische Stellung war eine Folge seiner historisch-philosophischen Bildung sowie seiner auf Pestalozzi beruhenden Erziehungsideale; St. Simon hatte auf ihn tief eingewirkt; jahrelang stand Mevissen der politischen und sozialen Linken in der Rheinprovinz, Karl Grün, Marx usw., nahe; er hat mal mit einigen Freunden Karl Marx, als er in Not war, 1000 Reichstaler geschickt.

Mevissen war in der Tat einer der Geldgeber für die *Rheinische Zeitung*, deren Chefredakteur Karl Marx hieß. Mevissen war auch ein früher Verehrer der Verfasserin von «*Goethes*

Briefwechsel mit einem Kinde», und ich kann mich nicht enthalten, hier seine Lobeshymne zu zitieren:

Bettina ist so ganz Liebe, so ganz Hingebung, so rein und so fern von allem Egoismus, sie will nichts als beglücken. Es sind wieder einmal Stimmungen, Klänge des Gemüts und der Seele, die ihr Tagebuch in mir auslöst. Die Empfindung, die Bettina im Herzen weckt, ist rein und unwiderstehlich. Aus ewigem Gottreich reißt sie die Seele in eine Ewigkeit hinüber. Seit langem habe ich zum ersten Mal wieder rein und ungetrübt empfunden, kein Gedanke mischte sich störend in das Jauchzen der Genien, und was gäbe ich nicht für diese göttliche Stimmung, wollte sie nur wiederkehren!

Aufgrund seines sozialen Verantwortungsbewußtseins trat Mevissen scharf gegen das Spekulantenwesen auf, aber er war ein Rufer in der Wüste. Als 1871 das Bismarck-Reich vier Milliarden Goldmark als Kriegsentschädigung aus dem besiegten Frankreich herauspreßte, führten die Spekulationsgeschäfte, die mit diesen Geldern gerade auch im Rheinland betrieben wurden, zu einem gigantischen Börsenkrach. In Köln folgte diesem der Börsenschwindel-Prozeß der «Kölner Effektenbank», in den mit Ausnahme von Gustav von Mevissen die ganze höhere Gesellschaft der Stadt verstrickt war.

Die Abwicklung dieses aufsehenerregenden Prozesses wurde einem Richter übertragen, bei dem, weil er nicht aus der Kölner Gegend stammte, vorausgesetzt werden konnte, daß er unbefangen war und frei von Bindungen an die an dem Skandal beteiligten Lokalgrößen. Es war ein junger Mann namens Gustav Ratjen, den man kurz zuvor als Richter von Nienburg an der Weser nach Köln versetzt hatte.

In seinen Lebenserinnerungen hat er beschrieben, wie es ihn volle sechs Monate kostete, bis er sich so weit in die ihm zunächst fremde Materie eingearbeitet hatte, daß er den Prozeß sachkundig abzuwickeln imstande war. Mit seiner juristisch wie moralisch integren Haltung zog der junge Ratjen die Aufmerksamkeit Gustav von Mevissens auf sich. Dieser lud ihn ein zu sich in sein stattliches Haus, ein pompöses Gebäude der Gründerzeit, das, im klassizistischen Stil gebaut, mit Karyatiden gleich denen am Erechtheion in Athen, die Liebe des Hausherrn zum alten Griechenland bekundete, eine Liebe, die der junge Gast voll und ganz teilte.

Gustav von Mevissen hatte vier Töchter. Gustav Ratjen verliebte sich in Melanie, die jüngste, und warb um ihre Hand. Doch der alte Mevissen hatte beschlossen: «Nein, bei mir geht es der Reihe nach! Als nächste ist Minna dran.»

So heiratete Ratjen die häßliche Minna, die eine Million Goldmark als Mitgift in die Ehe einbrachte. Es war wohl eine für die Gründergeneration typische Ehe. Er betätigte sich erfolgreich in seinem Beruf als Richter und befaßte sich daheim in seiner Studierstube mit klassischer Philosophie und Literatur, wogegen sie im Hause über die fünf Dienstboten herrschte und sich mit Häkel- oder Stickereiarbeiten beschäftigte.

Großmutter wählte sich unter ihren Enkeln stets einen Liebling aus. Anfang der zwanziger Jahre starb, im Alter von fünfzehn Jahren, meine Cousine Edith, der bis dahin die Rolle der Lieblingsenkelin zugefallen war, an den Folgen einer Diphtherie. Ich wurde von Großmutter zu ihrer Nachfolgerin bestimmt, und das bedeutete für mich, daß ich sie von da an jeden Sommer für drei Wochen in Düsseldorf zu besuchen hatte.

Das Essen im Haus Ratjen war für heutige Begriffe viel zu schwer: Es gab eine dicke Suppe, eine Vorspeise, ein Fleisch- oder Fischgericht mit Kartoffeln und Gemüse, einen Pudding und danach Obst. Auch ein Schälchen Pralinen stand bereit. Dem Großvater schadete das viele Essen nicht. Er arbeitete zum Ausgleich im Garten, spaltete Kaminholz und ging täglich zwei Stunden spazieren.

Als junger Student hatte Gustav Ratjen einst Griechenland zu Fuß durchwandert. Wenn ich in Düsseldorf zu Besuch war, nahm er mich auf seine Spaziergänge mit und trug mir Homer, den er auswendig kannte, in der Originalsprache vor. Ich verstand zwar kein Wort, aber begeistert schritt ich im Rhythmus der von ihm melodisch vorgetragenen Hexameter mit.

Großmutter dagegen bewegte sich wenig. Wenn sie ausging, nahm sie eine Droschke. Zum Mittagessen erhob sie sich mühsam, und, gestützt auf ihren Stock auf der einen Seite, auf die Enkelin auf der anderen, schleppte sie sich von der Diele ins Eßzimmer, wobei sie jedesmal mit dem Fuß ostentativ an den Parkettstellen scharrte, wo man es ihrer Meinung nach nicht blank genug gebohnert hatte. Nach dem Abendessen kam Großvater aus seiner Welt, der Studierstube, zu ihr in den Salon und las ihr aus der Marlitt oder Courths-Mahler vor. Diese Fürsorglichkeit rührte mich.

Meine Mutter Ilse war die jüngste Tochter dieses ungleichen Paares...

JOHN GALSWORTHY

Der alte Jolyon
lernt seine Enkel kennen

Am Nachmittag kam der alte Jolyon, in der Absicht nach Hause zu gehen, von Lords Criquetplatz. Aber auf halbem Wege wurde er anderen Sinnes, rief eine Droschke heran und nannte dem Kutscher eine Adresse in der Wistaria Avenue. Er hatte einen Entschluß gefaßt.

June, seine Enkelin, war die ganze Woche hindurch kaum zu Haus gewesen, sie hatte ihm seit lange nicht mehr Gesellschaft geleistet, eigentlich seit ihrer Verlobung mit Bosinney. Er bat sie nie um ihre Gesellschaft. Es war nicht seine Art, jemand um etwas zu bitten! Sie hatte jetzt nur den einen Gedanken – Bosinney und seine Angelegenheiten – und ließ ihn mit einer Handvoll Dienstboten in dem großen Haus allein, wo er vom Morgen bis zum Abend keine Seele hatte, mit der er ein Wort hätte reden können.

Sein Club war der Reinigung wegen geschlossen; die Sitzungen im Aufsichtsrat hatten aufgehört; es gab also nichts, das ihn in die City führte. June hatte ihm zugeredet zu verreisen; sie selbst wollte nicht fort, weil Bosinney in London blieb.

Aber wo sollte er allein hin? Er konnte nicht allein ins Ausland reisen; die See war nichts für seine Leber, und Hotels waren ihm verhaßt. Roger ging in eine Wasserheilanstalt – in seinem Alter wollte er damit nicht mehr anfangen, diese neumodischen Orte waren doch alle Humbug!

Mit solchen Sätzen machte er seiner seelischen Niedergeschlagenheit Luft, aber die Linien in seinem Gesicht vertieften sich, und seine Augen blickten von Tag zu Tag melancholischer, eine Melancholie, die so seltsam auf einem Gesicht berührt, das man immer lebhaft und heiter zu sehen gewohnt ist.

Und daher machte er heute in dem goldenen Licht, das in verstreuten Flecken auf den runden grünen Kugelakazien vor den kleinen Häuschen lag, im Sommersonnenschein, der festlich über den kleinen Gärtchen glänzte, diese Fahrt durch den St. Johns Wood. Er schaute sich mit Interesse um, denn dies war eine Gegend, die kein Forsyte ohne offene Mißbilligung und geheime Neugierde betrat.

Sein Wagen hielt vor einem kleinen Haus von jener gelblichen Farbe, die auf einen seit lange nicht erneuten Anstrich schließen läßt. Es hatte eine Gartenpforte und einen ländlichen Eingang.

Mit außerordentlicher Gelassenheit stieg er aus; der massive Kopf mit dem hängenden Schnurrbart und dem flügelartig wehenden weißen Haar war hochaufgerichtet unter einem übermäßig großen steifen Hut; sein Blick fest, ein wenig finster. Dahin hatte er sich also treiben lassen!

«Ist Mr. Jolyon Forsyte zu Haus?»

«Jawohl, Herr – wen darf ich melden?»

Der alte Jolyon konnte sich nicht erwehren, dem kleinen Dienstmädchen zuzublinzeln, als er seinen Namen nannte. Es war eine so komische kleine Kröte!

Er folgte ihr durch den dunklen Flur in ein kleines Wohnzimmer, dessen Möbel mit Kattun bezogen waren, und das kleine Dienstmädchen bot ihm einen Sitz an.

«Es sind alle im Garten; wenn der Herr freundlichst Platz nehmen wollten, will ich sie rufen.»

Der alte Jolyon setzte sich in den mit Kattun bezogenen Sessel und sah sich um. Das ganze Haus kam ihm, wie er es ausgedrückt haben würde, dürftig vor; es hatte alles einen gewissen – er wußte nicht recht, wie er es nennen sollte –

einen Anstrich von Schäbigkeit oder vielmehr von großer Einschränkung. Soviel er sehen konnte, war kein einziges Möbelstück auch nur fünf Pfund wert. Die vor ziemlich langer Zeit getünchten Wände waren mit Aquarellskizzen geschmückt; quer über der Decke klaffte ein langer Riß.

Diese kleinen Häuser waren sämtlich alt, Häuser zweiten Ranges. Hoffentlich betrug die Miete weniger als hundert Pfund das Jahr; der Gedanke, daß ein Forsyte – sein eigener Sohn – in einem solchen Hause wohnte, kränkte ihn mehr, als er sagen konnte.

Das kleine Dienstmädchen kam zurück. Ob er die Güte haben wollte, in den Garten zu kommen?

Der alte Jolyon trat durch die Glastür hinaus. Als er die Stufen hinabstieg, fiel ihm auf, daß sie eines neuen Anstrichs bedurften.

Der junge Jolyon, seine Frau, die beiden Kinder und sein Hund Balthasar saßen alle unter einem Birnbaum.

Dieser Gang ihnen entgegen war die mutigste Tat im Leben des alten Jolyon; aber kein Muskel seines Gesichts zuckte, keine unruhige Gebärde verriet ihn. Er richtete seine tiefliegenden Augen fest auf den Feind.

Balthasar, der Hund, beschnupperte den Saum seiner Beinkleider; dieser zutrauliche und zynische Mischling – der Sprößling einer Liaison zwischen einem russischen Pudel und einem Foxterrier – hatte eine Nase für das Ungewöhnliche.

Als die seltsame Begrüßung vorüber war, setzte der alte Jolyon sich in einen Korbstuhl, und seine beiden Enkel, jedes an einem Knie, schauten ihn schweigend an, denn sie hatten noch nie einen so alten Mann gesehen.

Als wären sie sich der ungleichen Umstände ihrer Geburt bewußt, sahen sie sich gar nicht ähnlich. Jolly, das Kind der Sünde, pausbäckig, das flachsblonde Haar aus der Stirn gebürstet, mit einem Grübchen im Kinn, hatte die spröde Liebenswürdigkeit und die Augen eines Forsyte; die kleine dunkle Holly, das Kind der Ehe, war ein ernstes Seelchen mit den grauen nachdenklichen Augen der Mutter.

Nachdem Balthasar, der Hund, um die drei kleinen Blumenbeete herum gegangen war, um seine Verachtung im allgemeinen kundzugeben, hatte er sich ebenfalls vor dem alten Jolyon niedergelassen, wedelte mit dem dicht über dem Rücken von Natur buschigen Schwanz und starrte ihn an, ohne zu blinzeln.

Sogar in diesem Garten überschlich den alten Jolyon das Gefühl, daß alles schäbig war. Der Korbstuhl knarrte unter seinem Gewicht, die Gartenbeete sahen «ruppig» aus, und drüben unter den rußgeschwärzten Mauern hatten die Katzen sich einen Weg gebahnt.

Während er und seine Enkelkinder sich gegenseitig eigentümlich prüfend, voll Neugierde und doch mit Vertrauen anschauten, wie sehr junge und sehr alte Menschen es zu tun pflegen, beobachtete der junge Jolyon seine Frau.

Die Röte in ihrem zarten ovalen Gesicht mit den geraden Brauen und den großen grauen Augen hatte sich vertieft. Ihr Haar, in schönen kühnen Linien aus der Stirn gekämmt, begann zu ergrauen wie das seine, und dieses Grau erhöhte den peinlich rührenden Eindruck ihres plötzlichen Errötens.

Der Ausdruck ihres Gesichts verriet, was er früher niemals bemerkt, was sie immer vor ihm verborgen hatte, geheimen Groll, Sehnsucht und Furcht. Ihre Augen unter den zuckenden Brauen starrten kummervoll. Sie schwieg.

Jolly allein hielt die Unterhaltung aufrecht. Er besaß viele Schätze und wünschte sehnlichst, daß sein unbekannter Freund mit dem ungeheuren Schnurrbart und den ganz von blauen Adern bedeckten Händen, der mit übergeschlagenen Beinen dasaß wie sein eigener Vater (eine Gewohnheit, die er sich anzueignen suchte), sie kennenlernen sollte; aber als echter Forsyte, wenn auch noch nicht neun Jahre alt, erwähnte er nichts von dem, was ihm augenblicklich am meisten am Herzen lag – von einer Armee Soldaten in einem

Schaufenster, die ihm sein Vater zu kaufen versprochen hatte. Wahrscheinlich schien es ihm zu köstlich, hieß die Vorsehung versuchen, schon davon zu sprechen.

Und die Sonnenstrahlen spielten durch die Blätter auf die kleine schweigsame Gesellschaft von drei Generationen unter dem Birnbaum, der seit lange keine Früchte mehr getragen hatte.

Das gefurchte Gesicht des alten Jolyon war fleckig rot geworden, wie die Gesichter alter Leute in der Sonne werden. Er ergriff eine von Jollys Händen, und der Knabe kletterte auf sein Knie, worauf Klein-Holly, von diesem Anblick magnetisiert, ebenfalls hinaufkroch; und dazu ertönte das rhythmische Scharren des Hundes Balthasar.

Plötzlich erhob sich die junge Mrs. Jolyon und eilte ins Haus. Eine Minute darauf stotterte ihr Mann eine Entschuldigung und folgte ihr. Der alte Jolyon blieb mit seinen Enkeln allein.

Und die Natur mit ihrer wunderbaren Ironie brachte eine ihrer seltsamsten Umwandlungen in ihm hervor, indem sie die Gesetze ihres Kreislaufes bis in sein innerstes Herz hinein verfolgte. Seine Zärtlichkeit für kleine Kinder, seine Leidenschaft für die Anfänge des Lebens, die ihn einst dazu bewegt hatten, seinen Sohn zu verlassen und June zu folgen, trieben ihn jetzt dazu, June zu verlassen und diesen kleinen Wesen zu folgen. Die Jugend brannte noch immer wie eine Flamme in seiner Brust, und an der Jugend hielt er fest, an den kleinen runden Gliedern, die so sorglos waren und der Sorgfalt so bedürftig, an den kleinen runden, so grundlos feierlichen oder strahlenden Gesichtchen, an den hohen Stimmchen und dem hellen kichernden Lachen, den unaufhörlich zerrenden Händchen und dem Gefühl der kleinen Körper an seinen Beinen, an allem, was jung war, jung und abermals jung. Und seine Augen wurden sanft, sanft seine Stimme, die dünnen, geäderten Hände, und sanft das Herz in ihm. Und für die kleinen Wesen ward er alsbald eine Quelle des Vergnügens, eine Zuflucht, wo sie sicher waren, wo sie plaudern und lachen und spielen konnten, bis die höchste Fröhlichkeit dreier Herzen von seinem Platz im Korbstuhl wie Sonnenschein erstrahlte.

Anders aber stand es mit dem jungen Jolyon, der seiner Frau in ihr Zimmer nachgefolgt war.

Er fand sie auf einem Stuhl vor ihrem Toilettenspiegel sitzend, das Gesicht in den Händen geborgen.

Ihre Schultern zuckten vor Schluchzen. Diese Leidenschaftlichkeit ihres Schmerzes war ihm unbegreiflich. Er hatte diese Stimmungen schon hundertmal erlebt; wie er sie ertragen hatte, wußte er selbst nicht, denn er konnte sich nie denken, daß es wirklich nur Stimmungen waren und daß die letzte Stunde seines Ehebundes noch nicht geschlagen hatte.

In der Nacht würde sie sicherlich die Arme um seinen Hals schlingen und sagen: «Ach, Jo, was mußt du durch mich leiden!» Wie sie es schon hundertmal getan.

Er streckte die Hand aus und ließ das Rasierzeug unbemerkt in seine Tasche gleiten.

«Ich kann hier nicht länger bleiben», dachte er, «ich muß wieder hinunter!» Er verließ das Zimmer ohne ein Wort und ging zurück auf den Rasenplatz.

Sein Vater hielt Klein-Holly auf den Knien, und Jolly, ganz rot im Gesicht, versuchte zu zeigen, daß er auf dem Kopfe stehen könne. Dem Teetisch so nahe, wie es möglich war, hielt Balthasar, der Hund, die Augen fest auf den Kuchen gerichtet.

Der junge Jolyon hatte ein boshaftes Verlangen, ihrem Vergnügen ein Ende zu machen.

Was mußte sein Vater heute auch hierher kommen und seine Frau aus der Fassung bringen? Es erschreckte sie nach all diesen Jahren! Er hätte es wissen können, hätte sie darauf vorbereiten sollen. Aber wann hätte ein Forsyte sich je vorgestellt, daß sein Verhalten jemand außer Fassung bringen konnte! Und in Gedanken tat er seinem Vater unrecht.

Er sprach streng zu den Kindern und befahl ihnen, zum Tee hinaufzugehen. Sehr erstaunt, denn sie hatten ihren Vater noch niemals so streng gesehen, gingen sie Hand in Hand davon, und Klein-Holly blickte über ihre Schulter noch einmal zurück.

Der junge Jolyon schenkte den Tee ein.

«Meine Frau ist heute nicht ganz auf dem Posten», sagte er, wußte jedoch sehr wohl, daß sein Vater die Ursache ihres plötzlichen Sichzurückziehens durchschaut hatte, und haßte den alten Mann beinah dafür, daß er so ruhig sitzenblieb.

«Du hast hier ein hübsches kleines Haus», sagte der alte Jolyon mit einem schlauen Blick, «du hast es wohl gemietet?»

Jo nickte.

«Die Nachbarschaft gefällt mir nicht», sagte sein Vater, «eine heruntergekommene Gesellschaft.»

«Ja», erwiderte der junge Jolyon, «wir sind eine heruntergekommene Gesellschaft.»

Die Stille wurde jetzt nur durch das Scharren des Hundes unterbrochen.

«Ich hätte vielleicht nicht herkommen sollen, Jo», sagte der alte Jolyon einfach, «aber ich bin jetzt so einsam!»

Bei diesen Worten stand Jo auf und legte die Hand auf die Schulter seines Vaters.

Im Nebenhaus spielte jemand unaufhörlich: «La Donna è mobile» auf einem verstimmten Klavier; der kleine Garten lag jetzt im Schatten, die Sonne erreichte nur noch den Rand der Mauer, wo eine Katze lag und sich wärmte, die gelben Augen träge auf den Hund Balthasar gerichtet. Man hörte von fern das schläfrige Gesumm des Straßenverkehrs; der mit Schlingpflanzen überwachsene Gartenzaun versperrte die Aussicht auf alles, bis auf den Himmel, das Haus und den Birnbaum, dessen oberste Zweige die Sonne noch vergoldete.

Eine Weile saßen sie da, ohne viel zu sprechen. Dann erhob sich der alte Jolyon, um zu gehen, und kein Wort von Wiederkommen wurde gesagt.

Er ging sehr traurig fort. Was für ein elender, armseliger Ort. Und er dachte an das große leere Haus in Stanhope Gate, eine Wohnung, wie sie einem Forsyte zukam, mit seinem großen Billardzimmer und dem Wohnzimmer, das von einer Woche zur andern niemand betrat.

Die Frau, deren Gesicht er ganz gern mochte, war viel zu zart besaitet; sie machte Jo sicher das Leben schwer! Und diese süßen Kinder! Ach, welch furchtbare Torheit!

Er ging zwischen Reihen kleiner Häuser, hinter all denen er (wahrscheinlich ganz unberechtigt, aber die Vorurteile eines Forsyte sind geheiligt) irgendeine dunkle Geschichte vermutete.

Die Gesellschaft, nein, Klatschbasen und Schwätzerinnen, hatten sich über *sein* Fleisch und Blut zu Gericht gesetzt! Ein Haufen alter Weiber! Er stieß seinen Schirm auf den Boden, als wolle er ihn jener ganzen erbärmlichen Gesellschaft ins Herz bohren, die es gewagt hatte, seinen Sohn und seines Sohnes Sohn, in dem er wieder hätte aufleben können, in die Acht zu erklären!

Er stieß heftig mit dem Schirm auf; und doch hatte er selbst sich vor fünfzehn Jahren dem Urteil der Gesellschaft angeschlossen – war ihm erst heute untreu geworden!

Mit all der Bitterkeit dachte er an die Vergangenheit. Eine unselige Geschichte!

Er brauchte lange Zeit, bis er nach Stanhope Gate kam, denn obwohl er äußerst müde war, ging er aus angeborenem Eigensinn den ganzen Weg zu Fuß.

Nachdem er sich unten in der Toilette die Hände gewaschen hatte, begab er sich ins Speisezimmer, der einzige Raum, den er benutzte, wenn June fort war – es war ihm dann weniger einsam. Das Abendblatt war noch nicht gekommen, die *Times* hatte er gelesen, er hatte also nichts zu tun.

Das Zimmer lag abseits vom Straßenverkehr und war sehr ruhig. Er mochte keine Hunde, aber selbst ein Hund wäre jetzt eine Gesellschaft gewesen. Sein Blick wanderte an den

Wänden entlang und blieb auf einem Bilde mit dem Titel: «Holländische Fischerboote bei Sonnenuntergang» haften; es war das Meisterstück seiner Sammlung. Aber es machte ihm keine Freude. Er schloß die Augen. Er fühlte sich einsam! Er durfte sich nicht beklagen, das wußte er, aber er konnte nicht anders: Er war ein erbärmlicher Wicht – war es immer gewesen – er hatte keinen Mut! Das ging ihm durch den Kopf.

Der Butler kam, um den Tisch zu decken, und da er glaubte, daß sein Herr schlief, befleißigte er sich der äußersten Vorsicht in seinen Bewegungen. Der Mann trug außer einem Backenbart auch einen Schnurrbart, der vielen Familienmitgliedern, besonders denen, die wie Soames höhere Schule besucht hatten und in solchen Dingen auf das Vorschriftsmäßige sahen, Anlaß zu ernsten Bedenken gegeben hatte. War er denn wirklich ein Butler? Mutwillige Geister nannten ihn: «Onkel Jolyons Nonkonformist», und George, der anerkannte Witzbold, hatte ihm den Namen der «Scheinheilige» gegeben.

Er bewegte sich mit unnachahmlicher Gewandtheit leise zwischen dem großen polierten Büfett und dem großen polierten Tisch hin und her.

Der alte Jolyon, der sich schlafend stellte, beobachtete ihn. Der Mensch war ein Schleicher – es war ihm immer so vorgekommen –, der keinen andern Gedanken hatte, als schnell mit seiner Arbeit fertig zu werden und dann zu seinen Wetten oder seinem Schatz oder der Himmel weiß was hinauszukommen. Ein Faulenzer! Auch noch fett dazu! Und er machte sich nicht das geringste aus seinem Herrn!

Aber dann kam wieder einer jener philosophischen Augenblicke, die den alten Jolyon von andern Forsytes unterschieden:

Warum sollte der Mann sich schließlich etwas aus ihm machen? Dafür wurde er nicht bezahlt, also weshalb es denn erwarten? Man konnte in dieser Welt nicht auf Anhänglichkeit rechnen, wenn man nicht dafür bezahlte. In einer andern war es vielleicht nicht so – vielleicht, wer weiß? Und wieder schloß er die Augen.

Unentwegt und vorsichtig fuhr der Diener in seiner Arbeit fort, während er aus verschiedenen Fächern des Büfetts die Sachen nahm. Sein Rücken schien stets seinem Herrn zugewandt; auf diese Weise nahm er seinen Verrichtungen in dessen Gegenwart das Ungeziemende. Ab und zu hauchte er verstohlen auf das Silber und rieb es mit einem Stück gelben Leders ab. Es sah aus, als wären seine Gedanken ausschließlich auf den Inhalt der Weinkaraffen gerichtet, die er vorsichtig und ziemlich hoch herbeitrug, wobei er seinen Bart schützend über sie niederhängen ließ. Als er fertig war, blieb er eine Minute lang stehen und beobachtete seinen Herrn mit verächtlichem Blick in den grünlichen Augen:

Der war doch eigentlich nur ein sonderbarer alter Kauz, mit dem nicht mehr viel anzufangen war!

Leise wie ein Kater ging er quer durchs Zimmer, um zu klingeln. Ihm war angesagt: «Das Dinner um sieben Uhr.» Wenn sein Herr nun auch schlief, das wollte er ihm bald vertreiben; zum Schlafen war die Nacht doch da! Er hatte an sich selbst zu denken, denn um halb neun mußte er in seinem Club sein!

Auf das Klingeln erschien ein Knabe in Livree mit einer silbernen Suppenterrine. Der Butler nahm sie ihm ab und setzte sie auf den Tisch, dann stellte er sich an die offene Tür, als wären Gäste hereinzulassen, und sagte mit feierlicher Stimme:

«Es ist angerichtet!»

Langsam erhob der alte Jolyon sich von seinem Sessel und setzte sich an den Tisch, seine Mahlzeit einzunehmen.

F. H. BURNETT

Der kleine Lord
besucht seinen Großvater

Es war spät am Nachmittag, als der Wagen, der den kleinen Lord Fauntleroy und Mr. Havisham zum Schloß brachte, die lange Avenue daherrollte. Der Graf hatte angeordnet, daß sein Enkel kurz vor Tische im Schloß eintreffen und ferner, daß er, aus nur ihm bekannten Gründen, allein in das Zimmer geführt werden sollte, wo er ihn zu empfangen gedachte. Cedrik lehnte sich behaglich in die Wagenkissen zurück und beobachtete alles mit großem Interesse. Der Wagen selbst, die großen stattlichen Pferde mit ihrem blitzblanken Geschirr, der würdevolle Kutscher und der stattliche Diener in ihren eleganten Livreen, alles fesselte seine Aufmerksamkeit.

Als der Wagen vor dem Parktor hielt, beugte er sich aus dem Fenster, um die riesigen steinernen Löwen zu studieren, die den Eingang schmückten. Aus dem hübschen efeuumrankten Pförtnerhaus trat eine rundliche, freundliche Frau, um das Tor zu öffnen. Zwei Kinder folgten ihr auf dem Fuß und starrten mit weit aufgerissenen, verwunderten Augen auf den kleinen Jungen im Wagen, indes die Mutter lächelnd knickste.

«Kennt sie mich denn?» fragte Lord Fauntleroy seinen Begleiter. «Ich glaube, sie weiß, wer ich bin», und dabei nahm er seine schwarze Samtmütze ab und grüßte freundlich.

«Guten Tag», sagte er mit heller Stimme. «Wie geht's Ihnen?»

Die Frau war sichtlich erfreut, sie lachte übers ganze Gesicht, und ihre blauen Augen blickten ihn warm und herzlich an.

«Gott segne Eure Lordschaft!» sagte sie. «Gott segne Ihr freundliches Gesicht! Glück und Frohsinn Eure Lordschaft! Willkommen in Dorincourt!»

Lord Fauntleroy schwenkte seine Mütze und nickte ihr mehrmals zu, indes der Wagen weiterfuhr.

«Die Frau gefällt mir», sagte er. «Sie sieht aus, als ob sie Freude an Jungens hätte. Ich werde sie besuchen und mit den Kindern spielen – ob sie wohl so viele hat, daß man eine ordentliche Kompanie zusammenbringen könnte?»

Mr. Havisham hielt es nicht für nötig, ihm zu sagen, daß er schwerlich Erlaubnis erhalten werde, mit den Pförtnerskindern Kameradschaft zu schließen – derlei Weisheit kam immer noch zeitig genug.

Der Wagen fuhr rasch dahin zwischen den prachtvollen alten Riesenbäumen, deren Zweige sich bis auf den Boden ausbreiteten. Cedrik wußte nicht, daß das Schloß Dorincourt einer der schönsten Landsitze Englands war und daß der Park und seine alten Bäume ihresgleichen suchten, aber er empfand die Schönheit, die ihn umgab. Die untergehende Sonne warf ihre schrägen Strahlen auf den Rasen, ringsum herrschte tiefe, wundersame Stille. Mehrmals fuhr der Knabe mit einem kleinen Aufschrei in die Höhe, wenn ein Kaninchen aus dem Blätterwerk huschte, und als plötzlich ein Volk Rebhühner vor ihnen aufstieg, klatschte er glücklich in die Hände.

«Hier ist's aber schön!» rief er. «So was habe ich nie gesehen. Es ist schöner als Central Park!»

Die lange Dauer der Fahrt setzte ihn sehr in Erstaunen.

«Wie weit ist es denn», fragte er endlich, «vom Parktor bis zum Schloß?»

«Drei bis vier Meilen», erwiderte Mr. Havisham.

«Einen langen Weg hat der Großvater bis zu seinem eigenen Tor», bemerkte der kleine Lord nachdenklich.

Jeden Augenblick entdeckte er etwas Neues, als er aber das

Hochwild gewahrte, das teils im Gras lag, teils auf das Geräusch des Wagens hin die hübschen Köpfe mit den mächtigen Geweihen erhoben hatte, war er ganz außer sich.

«Ist denn ein Zirkus dagewesen», rief er jubelnd, «oder leben die immer hier? Wem gehören sie?»

«Deinem Großvater», belehrte Mr. Havisham.

Bald darauf kam das Schloß in Sicht. Der schöne, stolze Bau erhob sich grau und ehrwürdig vor ihnen, die letzten Strahlen der Abendsonne glitzerten auf den zahlreichen Fenstern. Giebel und Türme und Zinnen hoben sich klar vom Abendhimmel ab, der ganze Bau war von üppigem Efeu umrankt, und auf den breiten Terrassen, die zum Eingang hinaufführten, waren reiche, farbenprächtige Blumenbeete.

«Das ist das Allerschönste, was ich je gesehen habe», rief Ceddie mit leuchtenden Augen. «Wie ein Königsschloß, so war gerade eins in meinem Märchenbuch!»

Er sah, wie die schweren Türflügel aufgerissen wurden, und sah die Dienerschaft in zwei Reihen antreten, was ihn sehr in Erstaunen setzte, da es ihm nicht in den Sinn kam, daß dies zu Ehren des kleinen Jungen geschah, dem einst all diese Pracht und Herrlichkeit gehören würde – das Schloß aus dem Märchenbuch, die großen alten Bäume, der herrliche Park, die Gründe voll Farnkraut und Glockenblumen, wo die Hasen und Kaninchen umhersprangen und die großäugigen gefleckten Hirsche und Rehe, die im tiefen Gras lagerten. Kaum ein paar Wochen war es her, daß er in Mr. Hobbs' Laden gesessen hatte und seine Beinchen vom hohen Schreibstuhl herunterbaumelten, und er konnte unmöglich all diese Pracht und Feierlichkeit auf sein kleines Ich beziehen. An der Spitze der Dienerschaft stand eine ältliche Frau in glattem, schwerem schwarzen Seidenkleid, mit einer Haube auf dem grauen Haar. Als er die Halle betrat, stand sie ihm zunächst, und Cedrik sah ihr an, daß sie mit ihm sprechen wolle. Mr. Havisham, der ihn an der Hand führte, stand einen Augenblick still.

«Hier bringe ich Lord Fauntleroy, Mrs. Mellon», sagte er.
«Lord Fauntleroy, dies ist Mrs. Mellon, die Haushälterin.»

Cedrik gab ihr mit einem freudigen Aufleuchten die Hand.

«Haben Sie uns die Katze geschickt?» fragte er. «Ich danke Ihnen tausendmal dafür!»

Das hübsche Gesicht der alten Frau glänzte gerade so freudig wie das der Pförtnersfrau.

«Ich würde Seine Lordschaft an jedem Ort erkannt haben», sagte sie zu Mr. Havisham, «er ist ganz und gar sein Vater. Das ist ein großer Tag heute, Sir.»

Cedrik sah sie neugierig an und hätte für sein Leben gern gewußt, weshalb gerade heute ein großer Tag sei. Noch befremdlicher war ihm, daß sie Tränen in den Augen hatte und doch offenbar nicht traurig war, denn sie lächelte ihn freundlich an.

«Die Katze hat zwei wunderhübsche Junge hiergelassen», sagte sie, «man wird sie sofort auf Eurer Lordschaft Zimmer bringen.»

Mr. Havisham richtete halblaut eine Frage an sie.

«In der Bibliothek, Sir», erwiderte Mrs. Mellon. «Lord Fauntleroy soll allein vorgelassen werden.»

Ein paar Minuten später öffnete der stattliche Livreebediente, der Cedrik zu der Bibliothek geführt hatte, die Tür und meldete: «Lord Fauntleroy, Mylord.» Er tat es mit besonderer Feierlichkeit, denn auch er fühlte, daß es ein großer Moment war, wo der Erbe sein Eigentum betrat und dem Familienhaupt vorgestellt wurde, dessen Rang und Besitz dereinst sein eigen werden sollte.

Cedrik schritt über die Schwelle. Es war ein großer, prächtiger Raum mit schweren, geschnitzten, eichenen Möbeln, die Wände bis hoch hinauf mit Büchergestellen bedeckt. Die Möbel waren so dunkel, die Vorhänge so schwer, die Fensternischen so tief und die Entfernung zwischen Tür und Fenster so groß, daß nun, nach Sonnenuntergang, der ganze Eindruck des Raumes ein düsterer war. Im ersten Augenblick glaubte

Cedrik, daß überhaupt niemand im Zimmer sei, entdeckte aber gleich darauf vor dem Feuer, das trotz des warmen Abends in dem riesigen Kamin brannte, in einem bequemen Lehnstuhl eine Gestalt, die sich aber nicht nach ihm umwendete.

Bei einem andern Bewohner des Zimmers hatte er jedoch Aufmerksamkeit erregt. Neben dem Lehnstuhl lag auf der Erde ein Hund, eine ungeheure braungelbe Dogge, fast so groß und gewaltig wie ein Löwe – majestätisch und langsam erhob sich das mächtige Tier und ging mit schwerem, wuchtigem Schritt auf die schlanke Kindergestalt zu.

«Dougal», erklang nun eine Stimme aus dem Lehnstuhl, «hierher!»

Allein dem Herzen des jungen Lord war Furcht so fremd wie alles Böse, und er war von jeher ein tapferer kleiner Bursche gewesen. Vertraulich und ruhig legte er sein Händchen an des Ungeheuers Halsband, und dann schritten sie einträchtig miteinander auf den Grafen zu.

Endlich blickte dieser auf, und Cedrik sah in das Gesicht eines großen alten Mannes mit wirrem, weißem Haar, buschigen Augenbrauen und einer kühnen Adlernase zwischen den feurigen, blitzenden Augen. Der Graf aber erblickte eine anmutige Kindergestalt in einem schwarzen Samtanzug mit breitem Spitzenkragen und weichen blonden Locken, die das frische rosige Gesicht umrahmten, aus dem ein Paar großer brauner Augen ihm treuherzig entgegenleuchtete. Wie ein plötzlicher Jubelruf und ein frohlockendes Triumphieren zog's dem harten alten Mann durchs Herz, als er wahrnahm, was für ein kräftiger, schöner Knabe sein Enkel war und wie unerschrocken er ihm ins Gesicht sah, die Hand noch immer auf dem Hals seines riesigen Hundes. Es tat dem herrischen alten Edelmann im Innersten wohl, daß der Junge keine Schüchternheit und keine Furcht verriet, weder vor ihm noch vor seinem Hund.

«Bist du der Graf?» sagte Cedrik mit seinem freundlichen Lächeln. «Ich bin dein Enkel, Lord Fauntleroy.»

Er streckte ihm dabei sein Händchen hin, was er für angemessen und höflich hielt, auch bei Grafen. «Ich hoffe, es geht dir gut», fuhr er herzlich fort, «und ich freue mich sehr, dich zu sehen.»

Der Graf schüttelte ihm die Hand, und es zuckte wunderlich über sein Gesicht; fürs erste war er so überrascht, daß er kaum wußte, was er sagen sollte. Er blickte unverwandt auf das hübsche kleine Bild, das da in Fleisch und Blut vor ihm stand.

«Du freust dich wirklich, mich zu sehen?»

«Gewiß», versicherte Lord Fauntleroy, «sehr.»

Ein Stuhl stand neben dem des Grafen, und Cedrik setzte sich. Das hochlehnige, breite Möbel war für ein anderes Format von Sitzenden berechnet, und die Beinchen des Kleinen reichten bei weitem nicht auf den Boden, allein es schien ihm doch ganz behaglich darauf zu sein, und er blickte das ehrwürdige Familienhaupt bescheiden, aber unverwandt an.

«Ich habe mir immer Gedanken gemacht, wie du wohl aussehen würdest», begann er wieder. «Auf dem Schiff, wenn ich so in meinem Bett lag, habe ich immer gedacht, ob du wohl meinem Papa ähnlich siehst.»

«Nun, und findest du das?» fragte der Graf.

«Ach, du weißt ja, ich war noch sehr klein, als er gestorben ist, und da kann's wohl sein, daß ich mich nicht genau erinnere, aber ich meine, du siehst ganz anders aus.»

«Enttäuscht also – hm?»

«Oh, ganz und gar nicht!» versicherte der kleine Kritiker höflich. «Natürlich hätte ich mich ja gefreut, wenn du wie mein Papa wärst, aber jedes Kind ist doch ganz zufrieden damit, wie sein Großvater aussieht, auch wenn es ihn sich anders gedacht hat. – Du weißt ja, Verwandte bewundert man immer.»

Der Graf lehnte sich in seinen Stuhl zurück und sah einigermaßen verblüfft drein. Er hatte im Bewundern seiner Verwandten leider wenig Erfahrung; er hatte seine Mußestunden meist dazu verwendet, sich mit ihnen zu zanken, sie aus dem Haus zu jagen und allerhand schmeichelhafte Benennungen für sie zu erfinden, weshalb er auch bei allen gründlich verhaßt war.

«Jedes Kind hat seinen Großvater lieb», fuhr Lord Fauntleroy fort, «besonders einen, der so gut ist, wie du es gegen mich gewesen bist.»

Wieder flog ein seltsamer, rascher Blick aus den tiefliegenden Augen zu ihm hinüber.

«Ach so», sagte er, «ich bin also gut gegen dich gewesen, meinst du?»

«Freilich», erwiderte Cedrik fröhlich, «und ich bin dir auch so dankbar wegen Bridget und der Apfelfrau und Dick.»

«Bridget?» wiederholte der Graf, «Dick, die Apfelfrau?»

«Ja, natürlich», erläuterte Cedrik, «alle die, für welche du mir das viele Geld gegeben hast – das Geld, das Mr. Havisham mir zu meinem Vergnügen von dir gebracht hat.»

«Ach so! Davon ist die Rede! Das Geld, das du ausgeben durftest. Nun, was hast du dir dafür gekauft? Ich möchte gern etwas darüber erfahren.»

Er zog die dichten Augenbrauen in die Höhe und faßte den Knaben scharf ins Auge; er war wirklich neugierig, in welcher Weise er seine kleinen Launen befriedigt haben mochte.

«Oh», begann Lord Fauntleroy, «am Ende hast du gar nichts von Dick und Bridget und der Apfelfrau gewußt. Ich habe gar nicht daran gedacht, wie weit weg du wohnst. Die sind nämlich besondere Freunde von mir und, mußt du wissen, Michael hat das Fieber gehabt.»

«Wer ist denn Michael?» fiel ihm der Graf ins Wort.

«Michael? Ach, das ist Bridgets Mann, und die waren in großer Not. Wenn ein Mann krank ist und nicht arbeiten kann und zwölf Kinder hat, kannst du dir denken, wie das ist.»

Nun folgte die ausführliche Schilderung aller Leiden der armen Bridget und ihres Jubels, als er ihr das Geld «von dir,

Großvater!» hatte geben dürfen, und «deshalb bin ich dir so dankbar», schloß er seinen Bericht.

«So so!» bemerkte der Graf mit seiner tiefen Stimme, «das war also eins von den Dingen, die du zu deinem Vergnügen tatest. Nun, und was hast du sonst mit deinem Reichtum angefangen?»

Dougal hatte sich, nachdem Cedrik Platz genommen, neben dessen Stuhl gesetzt und hatte ihm mehrmals, wenn er so lebhaft sprach, ernsthaft ins Gesicht geblickt, als ob ihm diese Unterredung höchst interessant wäre. Dougal war ein würdevoller, feierlicher Hund, viel zu ernst und zu groß, um das Leben leichtzunehmen. Der alte Graf, der ihn genau kannte, hatte ihn insgeheim beobachtet. Es war sonst nicht die Art des Tieres, rasch Bekanntschaften zu schließen, und sein Herr war überrascht, wie ruhig er sich unter dem Druck der Kinderhand verhielt; nun aber sah sich Dougal den kleinen Lord noch einmal prüfend und würdevoll an, um gleich darauf seinen gewaltigen Löwenkopf auf das schwarze Samtknie des Jungen zu legen, der den neuen Freund gelassen streichelte, indem er dem Grafen zur Antwort gab: «Ja, da war dann die Geschichte mit Dick. Dick, der würde dir gefallen, der ist ein famoser Bursche.»

Der alte Herr sah etwas verwundert drein.

«Er ist so ehrlich», fuhr Cedrik mit Wärme fort, «und er greift nie einen Jungen an, der kleiner ist als er, und die Stiefel macht er so blank, daß sie wie ein Spiegel sind; er ist nämlich Schuhputzer.»

«Und auch ein Bekannter von dir – hm?»

«Ein alter Freund von mir», versetzte der Enkel, «kein so alter wie Mr. Hobbs, aber wir kennen uns auch schon sehr lange. Gerade ehe das Schiff abgefahren ist, brachte er mir ein Geschenk», dabei zog er einen sorgfältig zusammengelegten Gegenstand aus der Tasche und entfaltete mit zärtlichem Stolz das pompöse rotseidene Tuch mit den geschmackvollen Hufeisen.

«Das hat er mir gegeben, das soll ich immer tragen. Man kann's als Halstuch benutzen oder auch als Taschentuch. Er hat's von dem ersten Geld gekauft, das er verdient hat, nachdem Jack ausbezahlt war und er die neuen Bürsten von mir bekommen hatte – es ist ein Andenken. In die Uhr für Mr. Hobbs hab ich einen Vers schreiben lassen: ‹Die Uhr, sie spricht: Vergiß mich nicht›, und ich werde Dick auch nicht vergessen; sooft ich das Tuch sehe, werde ich an ihn denken.»

Die Empfindungen Seiner Lordschaft des Grafen Dorincourt waren nicht leicht zu schildern. Ein gut Stück Welt und Menschen aller Art hatte er gesehen und war eben nicht leicht zu verblüffen; aber hier trat ihm etwas so Neues und Unerhörtes entgegen, daß es ihm fast den Atem benahm und die merkwürdigste Erregung in dem alten Edelmann hervorrief. Er hatte sich nie mit Kindern beschäftigt; seine Passionen und Vergnügungen hatten ihm dazu nie Muße gelassen, und seine eignen Söhne waren ihm nie sehr interessant gewesen – höchstens erinnerte er sich dunkel, daß Cedriks Vater ein hübscher, kräftiger Knabe gewesen war. Im allgemeinen war ihm ein Kind immer wie ein höchst lästiges kleines Tier vorgekommen, gefräßig, egoistisch und lärmend, wenn man es nicht in strenger Zucht hielt. Seine beiden Ältesten hatten ihren Erziehern und Lehrern stets Grund zu Klagen und Verdruß gegeben, und von dem Jüngsten glaubte er nur deswegen weniger Schlimmes gehört zu haben, weil er für keinen Menschen von Bedeutung war. Daß er seinen Enkel liebgewinnen könnte, war ihm nie in den Sinn gekommen – er hatte ihn in sein Haus bringen lassen, weil er seinen Namen dereinst nicht durch einen unerzogenen Lümmel wollte lächerlich machen lassen und weil er überzeugt war, daß der Junge in Amerika nur ein Halbnarr oder ein clownartiges Geschöpf werden konnte. Er hatte an seinen Söhnen so viel Demütigung erlebt und war über Kapitän Errols amerikanische Heirat so entrüstet, daß er etwas Erfreuliches bei seiner Nachkommenschaft nicht vermutete, und als der Diener ihm Lord Fauntleroy gemeldet hatte, hatte er sich fast gefürchtet, den Jungen anzusehen. Das war auch der Grund, weshalb er ihn hatte allein sehen wollen; seinem Stolz war der Gedanke eines Zeugen seiner Enttäuschung unerträglich. Aber selbst in den Stunden, wo er mit mehr Hoffnung in die Zukunft geblickt, hatte er sich nie träumen lassen, daß sein Enkel so aussehen könnte wie die entzückende Kindergestalt, die, das Händchen auf dem Kopf seines etwas gefährlichen Lieblings, so zuversichtlich und vertrauensvoll vor ihn trat. Diese Überraschung brachte den harten alten Mann beinahe um seine Fassung.

Und dann begann ihre Unterhaltung, in deren Verlauf sein Erstaunen sich mehr und mehr steigerte. Erstens einmal war er seiner Lebtag gewöhnt, die Leute in seiner Gegenwart scheu und verlegen zu sehen, und hatte deshalb von seinem Enkel auch nichts anderes erwartet; statt dessen sah der kleine Junge in ihm offenbar nichts als einen Freund, dessen Liebe ihm von Gott und Rechts wegen gehörte, und behandelte ihn als solchen. Wie der kleine Bursche so dasaß in dem großen Stuhl und mit seiner weichen Stimme herzlich und fröhlich plauderte, wurde es ihm ganz klar, daß der Gedanke, der große, grimmig dreinschauende alte Mann könnte ihn nicht lieb haben oder sich nicht freuen, ihn bei sich zu sehen, dem Kind nie in den Sinn gekommen war und daß Cedrik seinerseits ebenso kindlich und zuversichtlich bestrebt war, dem Großvater zu gefallen. Hart, grausam und hochfahrend, wie der alte Graf war, konnte er doch eine heimliche Freude bei dieser neuen Empfindung nicht unterdrücken und fand es, bei Licht besehen, recht angenehm, einmal jemand zu begegnen, der ihm nicht mißtraute, nicht vor ihm zurückschreckte und die schlimmen Seiten seiner Natur nicht ahnte, jemand, der ihn mit hellen Augen vertrauensvoll ansah – und wär's auch nur ein kleiner Junge in einem schwarzen Samtanzug!

So lehnte sich der alte Mann behaglich in seinen Stuhl

zurück und ermunterte seinen jungen Gefährten zum Plaudern, wobei es immer seltsam um seine Mundwinkel zuckte. Lord Fauntleroy entfaltete sein ganzes Konversationstalent und schwatzte unbefangen und vertraulich; die ganze Geschichte von Dick und Jack, die Verhältnisse der Apfelfrau aus altem Geschlecht und seine Freundschaft mit Mr. Hobbs wurden dem Großvater anvertraut, woran sich dann eine begeisterte Schilderung des republikanischen Wahltriumphs in all seiner Pracht und Herrlichkeit samt Bannern, Transparenten, Fackeln und Raketen anschloß. Schließlich kam er auch auf den 4. Juli zu sprechen und geriet in große Ekstase, bis ihm plötzlich etwas in den Sinn kam und er unvermittelt abbrach.

«Nun, was gibt's?» fragte der Großvater. «Weshalb sprichst du nicht weiter?»

Lord Fauntleroy rückte verlegen auf seinem Stuhl hin und her.

«Es fiel mir eben ein, daß du das vielleicht nicht gerne hörst», erwiderte er. «Vielleicht ist einer von deinen Angehörigen dabei gewesen. Ich habe gar nicht daran gedacht, daß du ein Engländer bist.»

«Sprich nur ruhig weiter», sagte Mylord. «Ich habe keine persönlichen Beziehungen zu der Sache. Du hast wohl auch vergessen, daß du ein Engländer bist.»

«O nein», fiel ihm Cedrik rasch ins Wort, «ich bin ein Amerikaner.»

«Du bist ein Engländer», erklärte der alte Herr kurz. «Dein Vater war ein Engländer.»

Die Sache war ihm ziemlich spaßhaft. Cedrik dagegen nahm es sehr ernst. Auf eine solche Auffassung der Dinge war er nicht vorbereitet gewesen, und sein Gesichtchen wurde dunkelrot.

«Ich bin in Amerika geboren», protestierte er, «und wenn man in Amerika geboren ist, muß man ein Amerikaner sein. Es tut mir leid, daß ich dir widersprechen muß», setzte er artig hinzu, «Mr. Hobbs hat mir gesagt, daß, wenn wieder einmal ein Krieg käme, ich ein Amerikaner sein müßte.»

Der Graf stieß ein kurzes Lachen aus, es klang hart und grimmig, aber es war doch ein Lachen.

«Und das würdest du tun?» sagte er.

Er haßte Amerika und die Amerikaner, aber der ernsthafte, eifrige Patriotismus des kleinen Mannes ergötzte ihn, und er sagte sich, daß aus diesem guten Amerikaner einmal ein guter Engländer werden könne.

Weitere Vertiefung in die Politik wurde durch die Meldung, daß aufgetragen sei, abgeschnitten. Cedrik erhob sich sofort und ging zum Großvater hin, mit einem bedenklichen Blick auf dessen gichtgeplagtes Bein.

«Soll ich dir helfen?» fragte er freundlich. «Du kannst dich auf mich stützen, weißt du. Einmal hat Mr. Hobbs einen schlimmen Fuß gehabt, weil ihm ein Kartoffelsack darauf gefallen war, da hab ich ihn immer geführt.»

Der feierliche Diener hätte fast seine Stellung und seinen Ruf durch ein unziemliches Lächeln aufs Spiel gesetzt. Es war ein sehr vornehmer Diener, der immer nur in aristokratischen Diensten gestanden hatte und sich vollständig entwürdigt und entehrt gefühlt haben würde, wenn er sich etwas so Unverzeihliches gestattet hätte wie ein Lächeln in Gegenwart der Herrschaft. Diesmal aber war die Gefahr groß gewesen, und er konnte sich nur dadurch retten, daß er über die Schulter seines Herrn unverwandt auf ein besonders häßliches Bild hinstarrte.

Der Graf maß den ritterlichen kleinen Knirps vom Kopf bis zu den Füßen.

«Meinst du, daß du das könntest?» fragte er rauh.

«Ich glaube ja», erwiderte Cedrik. «Ich bin sehr stark, weißt du, bin auch schon sieben. Du kannst dich auf einer Seite auf deinen Stock stützen und auf der andern auf mich. Dick sagt, daß ich gute Muskeln habe für einen Jungen von sieben.»

Er streckte den Arm stramm aus, damit der Graf die Kraft seiner von Dick belobten Muskeln sehe, und sah dabei so ernsthaft und wichtig drein, daß der Bediente wieder genötigt war, seine volle Aufmerksamkeit dem häßlichen Bild zuzuwenden.

«Wohl und gut», entschied der Graf, «du sollst's versuchen.»

Cedrik reichte ihm seinen Stock und half ihm beim Aufstehen. Dies war in der Regel das Amt des Bedienten, der dabei manch derben Fluch zu hören kriegte und oft und viel innerlich vor Empörung knirschte. Heute ging die Sache ohne Fluchen ab, obwohl die Gicht manch bösen Reißer tat, allein der Graf wollte nun mal den Versuch machen. Langsam erhob er sich und legte die Hand auf die schmale Schulter, die ihm so mutig als Stütze geboten wurde. Vorsichtig tat Lord Fauntleroy einen Schritt vorwärts und sah dabei sorgfältig auf das kranke Bein.

«Stütze dich nur recht fest auf mich», sagte er ermutigend. «Ich werde ganz langsam gehen.»

Wenn der Graf seinen Diener zum Führer gehabt hätte, würde er sich allerdings weniger auf seinen Stock und mehr auf jenen gestützt haben, und doch hielt er es bei seinem Experiment auch für nötig, den Enkel sein Gewicht fühlen zu lassen, das in der Tat nicht leicht war. Nach wenigen Schritten war denn auch das kleine Gesicht dunkelrot, und sein Herz fing an, heftig zu klopfen, allein er stemmte sich mächtig gegen des Großvaters Hand und erinnerte sich Dicks Ausspruch über seine Muskeln.

«Hab nur keine Angst und stütz dich fest», keuchte er, «ich kann es ganz gut, wenn – wenn es nicht zu weit ist.»

Es war eigentlich kein langer Weg zum Speisezimmer, und doch kam es Cedrik wie eine Ewigkeit vor, bis sie den Stuhl am oberen Ende der Tafel erreicht hatten. Die Hand auf seiner Schulter schien mit jedem Schritt wuchtiger zu lasten, sein Köpfchen wurde immer heißer und sein Atem kürzer, allein er dachte nicht daran, seinen Dienst aufzugeben; er machte seine Muskeln ganz steif, hielt sich kerzengerade und sprach dem bedenklich hinkenden alten Herrn Trost zu.

«Tut dir der Fuß so sehr weh, wenn du darauf stehst?» fragte er. «Hast du ihn nie in heißes Wasser mit Senfmehl gesteckt? Das hat Mr. Hobbs gutgetan.»

Der große Hund schritt gravitätisch nebenher, und der Diener folgte. Mehr als einmal flog ein eigentümliches Lächeln über sein Gesicht, wenn er beobachtete, wie die kleine Gestalt all ihre Kraft zusammennahm und ihre Last so gutwillig trug, und auch des Grafen Blick streifte ein paarmal mit seltsamem Ausdruck das erhitzte Kindergesicht.

Als sie das Speisezimmer betraten, bemerkte Cedrik, daß auch dies ein sehr großer, imposanter Raum war und daß der Diener, welcher hinter des Grafen Stuhl stand, die Eintretenden höchst erstaunt anstarrte. Endlich war der Stuhl erreicht; die Hand löste sich von seiner Schulter, und der Graf wurde bequem installiert.

Cedrik zog Dicks Taschentuch hervor und trocknete sich die Stirn. «Es ist heiß heute abend, nicht?» fragte er. «Wahrscheinlich mußt du ein Feuer haben wegen – wegen deinem Fuß, nur mir kommt's ein wenig heiß vor.»

Sein angeborener Takt bewahrte ihn davor, irgend etwas auch nur scheinbar zu tadeln.

«Du hast soeben ein hartes Stück Arbeit gehabt», bemerkte der Graf.

«O nein! Das war gar nicht hart, nur heiß ist mir's geworden», und damit behandelte er seine feuchten Locken energisch mit dem Taschentuch.

Lord Fauntleroys Platz am Tisch war seinem Großvater gegenüber; ein breiter Armstuhl nahm auch hier die schmale Gestalt auf. Alles, was er bis jetzt gesehen hatte, die hohen weiten Räume, die kolossalen Möbel, die stattlichen hochgewachsenen Diener, der ungeheure Hund und der Großvater selbst, alles war dazu angetan, ihm die eigne Kleinheit vor

Augen zu bringen. Dies beunruhigte Cedrik jedoch keineswegs; für sehr groß oder sehr wichtig hatte er sich nie gehalten, und er war mit Freuden bereit, sich auch Verhältnissen anzupassen, die etwas Überwältigendes für ihn zu haben schienen. Freilich hatte er kaum je so winzig ausgesehen wie in dem weiten Lehnstuhl an der feierlichen Tafel.

Trotzdem er so einsam lebte, hielt der Graf seinen Haushalt auf großem Fuß, und das Diner war ein wichtiges Moment in seinem Leben und natürlich auch in dem des Kochs, für den die Tage, an welchen Seine Lordschaft keinen Appetit hatte, schwere Prüfungen brachten. Heute jedoch schien der Appetit besser als sonst, und die Kritik über die «Entrees» und die Bereitung der Saucen war nicht so gründlich, weil er häufig über den Tisch hinüber nach seinem Enkel blicken mußte. Er selbst sprach wenig, hielt aber sein kleines Gegenüber gut im Zug und fand es zu seinem eignen Erstaunen ganz unterhaltend, ihm zuzuhören. Dabei freute er sich im stillen darüber, wie fest er sich auf den kleinen Kerl gestützt hatte, um dessen Mut und Ausdauer zu prüfen, und wie vortrefflich dieser die Probe bestanden hatte.

«Du hast deine Grafenkrone nicht immer auf?» fragte Lord Fauntleroy bescheiden.

«Nein», erwiderte der Graf mit seinem merkwürdig grimmigen Lächeln, «sie steht mir nicht besonders.»

«Mr. Hobbs hat zuerst gemeint, du würdest sie immer tragen, dann sagte er aber auch, du würdest sie hier und da ablegen, wenn du den Hut aufsetzt zum Beispiel.»

«Ja, ja», sagte der Graf, «gelegentlich lege ich sie ab.»

Einer der Diener mußte sich plötzlich abwenden, um hinter der vorgehaltenen Hand ein eigentümliches Husten hervorzustoßen.

Cedrik hatte seine Mahlzeit zuerst beendet, lehnte sich in seinem Stuhl zurück und sah sich im Zimmer um.

«Du mußt sehr stolz sein auf dein Haus», bemerkte er, «es ist so schön und der Park, der ist so herrlich.» Dann hielt er einen Augenblick inne und sah merkwürdig bedeutungsvoll zum Grafen hinüber. «Ist das Haus nicht sehr groß nur für zwei Menschen, die drin leben?»

«Groß genug jedenfalls», versetzte der Graf. «Ist dir's zu groß?»

Seine kleine Lordschaft zögerte einen Augenblick.

«Ich dachte nur so, daß, wenn zwei Leute drin wohnten, die nicht gut zusammenpassen, dann könnte man sich recht einsam vorkommen.»

«Glaubst du, daß wir gut zusammenpassen werden?»

«O ja, gewiß. Mr. Hobbs und ich, wir sind sehr gute Freunde gewesen. Er war der beste Freund, den ich hatte, außer Herzlieb.»

Der Graf zog die buschigen Augenbrauen ein wenig in die Höhe.

«Wer ist Herzlieb?»

«Meine Mama», sagte Lord Fauntleroy mit seltsam leisem, ruhigem Ton.

Die Tafel war aufgehoben, und man begab sich wieder in die Bibliothek. Diesmal führte der Diener den Grafen auf der einen Seite, die andere Hand aber stützte sich wieder auf die Schulter des Enkels, nur nicht so wuchtig wie zuvor. Nachdem der Diener sich zurückgezogen hatte, lagerte sich Cedrik auf dem Teppich vor dem Kamin neben Dougal, streichelte den Hund und blickte schweigend auf das Feuer.

Der Graf beobachtete ihn scharf. Es war ein Ausdruck von Sehnsucht und tiefem Nachsinnen in den Augen des Kindes, und ein paarmal seufzte er leise.

«Fauntleroy», begann der alte Herr schließlich, «woran denkst du?»

«An Herzlieb», erwiderte er, «und – und es wird besser sein, wenn ich ein wenig aufstehe und im Zimmer herumgehe.»

Er erhob sich, steckte die Hände in die Taschen und fing an, auf und ab zu gehen. Seine Augen leuchteten verdächtig, und er hatte die Lippen aufeinandergepreßt. Aber er hielt den Kopf hoch und trat sicher und fest auf. Langsam stand Dougal auch auf, sah eine Weile zu ihm hinüber, dann schritt er auf das Kind zu und folgte ihm. Cedrik zog eine Hand aus der Tasche und legte sie dem Hund auf den Kopf.

«Ein guter Hund, der», sagte er. «Er ist schon ganz mein Freund und weiß, wie mir's zumute ist.»

«Wie ist dir's denn zumute?» fragte der Graf.

Es war ihm unbehaglich, mit anzusehen, wie der kleine Mensch da zum erstenmal mit seinem Heimweh kämpfte, und doch freute er sich, daß Cedrik sich so tapfer hielt; der kindliche Mut gefiel ihm.

«Komm her», sagte er.

Fauntleroy kam sofort.

«Ich bin noch nie von zu Hause weg gewesen», sagte das Kind, die großen braunen Augen etwas mühsam aufreißend. «Es ist eine sonderbare Sache, wenn man auf einmal die ganze Nacht in jemandes Schloß bleiben soll, statt nach Hause zu gehen. Aber Herzlieb ist ja nicht so sehr weit weg, daran soll ich denken, hat sie gesagt, und – und ich bin ja schon sieben – und ich kann auch ihr Bild ansehen, sie hat mir's gegeben.»

Er fuhr mit der Hand in die Tasche und zog ein kleines Etui aus dunkelblauem Samt hervor.

«Hier ist es. Schau, wenn man dran drückt, dann springt es auf, und drin ist sie!»

Er lehnte sich dabei so vertrauensvoll an den Arm des Grafen, als ob dies von jeher sein Platz gewesen wäre.

Der Graf zog finster die Augenbrauen zusammen. Er wollte das Bild nicht sehen und warf trotzdem einen Blick darauf. Es erschreckte ihn förmlich, ein so junges, hübsches Gesicht vor sich zu haben, mit denselben braunen Augen wie das Kind an seiner Seite.

«Vermutlich glaubst du, sie sehr lieb zu haben?»

«Ja», erwiderte Cedrik sanft und einfach, «das glaube ich, und das ist auch so. Weißt du, Mr. Hobbs war mein Freund,

und Dick auch und Mary, aber Herzlieb und ich, wir sind doch die aller-allerbesten Freunde und sagen einander alles. Und ich muß auch für sie sorgen, weil mein Papa das nicht mehr tun kann – wenn ich groß bin, werde ich arbeiten und Geld verdienen.»

«Wie gedenkst du denn das anzufangen?» erkundigte sich der Großvater.

Seine kleine Lordschaft setzte sich wieder auf den Kaminvorleger, hielt das Bild in der Hand und schien sich seine Arbeit reiflich zu überlegen.

«Ich habe schon gedacht, ich könnte in Mr. Hobbs' Geschäft eintreten», sagte er, «aber lieber würde ich Präsident.»

«Da schicken wir dich besser ins Oberhaus», sagte der Graf.

«Ja nun, falls ich nicht Präsident werden kann und das auch ein gutes Geschäft ist, will ich's wohl tun. Spezereigeschäfte sind nicht immer unterhaltend.»

Vielleicht dachte er noch weiter über den Gegenstand nach, denn er blieb ganz ruhig sitzen und sah ins Feuer. Der Graf sprach nichts mehr, lehnte sich in seinen Fauteuil zurück und beobachtete das Kind. Manch neuer, ihm fremder Gedanke mochte den alten Edelmann beschäftigen. Dougal hatte sich lang ausgestreckt, den mächtigen Kopf auf die breiten Tatzen gelegt und schlief – tiefes Schweigen herrschte.

Als eine halbe Stunde später Mr. Havisham in das Zimmer geführt wurde, machte ihm der Graf halb unwillkürlich ein heftiges Zeichen, leise aufzutreten. Dougal schlief noch immer, und neben ihm, das lockige Köpfchen auf den Arm gelegt, schlummerte Lord Fauntleroy.

JOHANNA SPYRI

Beim Großvater auf der Alp

Nachdem die Dete verschwunden war, hatte der Öhi sich
wieder auf die Bank hingesetzt und blies große Wolken aus
seiner Pfeife; dabei starrte er auf den Boden und sagte kein
Wort. Derweilen schaute das Heidi vergnüglich um sich,
entdeckte den Geißenstall, der an die Hütte angebaut war, und
guckte hinein. Es war nichts darin. Das Kind setzte seine
Untersuchungen fort und kam hinter die Hütte zu den alten
Tannen. Da blies der Wind durch die Äste so stark, daß es
sauste und brauste oben in den Wipfeln. Heidi blieb stehen und
hörte zu. Nachdem es ein wenig stiller geworden, ging das
Kind um die andere Ecke der Hütte herum und kam vorn
wieder zum Großvater zurück. Als es diesen noch in derselben
Stellung erblickte, wie es ihn verlassen hatte, stellte es sich vor
ihn hin, legte die Hände auf den Rücken und betrachtete ihn.
Der Großvater schaute auf. «Was willst jetzt tun?» fragte er,
als das Kind immer noch unbeweglich vor ihm stand.

«Ich will sehen, was du drinnen hast, in der Hütte», sagte
Heidi.

«So komm!» und der Großvater stand auf und ging voran in
die Hütte hinein.

«Nimm dort dein Bündel Kleider noch mit», befahl er im
Hereintreten.

«Das brauch ich nicht mehr», erklärte Heidi.

Der Alte kehrte sich um und schaute durchdringend auf das
Kind, dessen schwarze Augen glühten in Erwartung der Dinge,

die da drinnen sein konnten. «Es kann ihm nicht an Verstand fehlen», sagte er halblaut. «Warum brauchst du's nicht mehr?» setzte er laut hinzu.

«Ich will am liebsten gehen wie die Geißen, die haben ganz leichte Beinchen.»

«Das kannst du, aber hol das Zeug», befahl der Großvater, «es kommt in den Schrank.» Heidi gehorchte. Jetzt machte der Alte die Tür auf, und Heidi trat hinter ihm her in einen ziemlich großen Raum ein, es war der Umfang der ganzen Hütte. Da stand ein Tisch und ein Stuhl daran; in einer Ecke war des Großvaters Schlaflager, in einer weiteren hing der große Kessel über dem Herd; auf der anderen Seite war eine große Tür in der Wand, die machte der Großvater auf: Es war der Schrank. Da hingen seine Kleider drin, auf einem Gestell lagen ein paar Hemden, Strümpfe und Tücher und auf dem nächsten einige Teller und Gläser, und auf dem obersten ein rundes Brot und geräuchertes Fleisch und Käse; denn in dem Kasten war alles enthalten, was der Alp-Öhi besaß und zu seinem Lebensunterhalt gebrauchte. Wie er nun den Schrank aufgemacht hatte, kam das Heidi schnell heran und stieß seine Sachen hinein, so weit als möglich hinter des Großvaters Kleider, damit sie nicht so leicht wiederzufinden seien. Dann sah es sich aufmerksam um in dem Raum und sagte: «Wo muß ich schlafen, Großvater?»

«Wo du willst», gab dieser zur Antwort.

Das war dem Heidi eben recht. Es fuhr in alle Winkel hinein und schaute jedes Plätzchen an, wo am schönsten zu schlafen wäre. In der Ecke gegenüber von Großvaters Lagerstätte war eine kleine Leiter aufgerichtet; Heidi kletterte empor und langte auf dem Heuboden an. Da lag ein frischer, duftender Heuhaufen oben, und durch eine runde Luke sah man weit ins Tal hinab.

«Hier will ich schlafen», rief Heidi hinunter, «hier ist es schön! Komm und sieh einmal, wie schön es hier ist, Großvater!»

«Weiß schon», tönte es von unten herauf.

«Ich mache jetzt das Bett», rief das Kind wieder, indem es oben geschäftig hin und her fuhr; «aber du mußt heraufkommen und mir ein Leintuch mitbringen, denn auf ein Bett kommt auch ein Leintuch, und darauf liegt man.»

«So, so», sagte unten der Großvater, und nach einer Weile ging er an den Schrank und kramte ein wenig darin herum; dann zog er unter seinen Hemden ein langes, grobes Tuch hervor, das mußte so etwas sein wie ein Leintuch. Er kam damit die Leiter herauf. Da war auf dem Heuboden ein ganz artiges Bettlein zugerichtet; oben, wo der Kopf liegen mußte, war das Heu hoch aufgeschichtet, und das Gesicht kam so zu liegen, daß es gerade auf das offene, runde Loch traf.

«Das ist recht gemacht», sagte der Großvater, «jetzt wird das Tuch kommen, aber wart noch» – und damit nahm er einen guten Wisch Heu von dem Haufen und machte das Lager doppelt so dick, damit man den harten Boden nicht spürte – «so, jetzt komm her damit.» Heidi hatte das Leintuch schnell zuhanden genommen, vermochte es aber fast nicht zu tragen, so schwer war's; doch das war sehr gut, denn durch das feste Zeug konnten die spitzen Heuhalme nicht durchstechen. Jetzt breiteten die beiden miteinander das Tuch über das Heu, und wo es zu breit und zu lang war, stopfte Heidi die Enden eilfertig unter das Lager. Nun sah es recht gut und reinlich aus, und Heidi stellte sich davor und betrachtete es nachdenklich.

«Wir haben noch etwas vergessen, Großvater», sagte es dann.

«Was denn?» fragte er.

«Eine Decke; denn wenn man ins Bett geht, kriecht man zwischen das Leintuch und die Decke hinein.»

«So, meinst du? Wenn ich aber keine habe?» sagte der Alte.

«Oh, dann ist's gleich, Großvater», beruhigte ihn Heidi;

«dann nimmt man wieder Heu als Decke», und eilfertig wollte es gleich wieder an den Heustock gehen, aber der Großvater wehrte es ihm.

«Wart einen Augenblick», sagte er, stieg die Leiter hinab und ging an sein Lager hin. Dann kam er wieder und legte einen großen, schweren, leinenen Sack auf den Boden. «Ist das nicht besser als Heu?» fragte er. Heidi zog aus Leibeskräften an dem Sack hin und her, um ihn auseinanderzulegen, aber die kleinen Hände konnten das schwere Zeug nicht bewältigen. Der Großvater half, und wie es nun ausgebreitet auf dem Bette lag, da sah alles sehr gut und haltbar aus, und Heidi stand staunend vor seinem neuen Lager und sagte: «Das ist eine prächtige Decke, und das ganze Bett ist schön! Jetzt wollt ich, es wäre schon Nacht, so dürfte ich hineinliegen.»

«Ich meine, wir könnten erst einmal etwas essen», sagte der Großvater, «oder was meinst du?» Heidi hatte über dem Eifer des Bettens alles andere vergessen; als ihm aber der Gedanke ans Essen kam, stieg ein großer Hunger in ihm auf, denn es hatte heute noch gar nichts bekommen als früh am Morgen sein Stück Brot und ein Täßchen dünnen Kaffees, und nachher hatte es die lange Reise gemacht. So sagte Heidi zustimmend: «Ja, ich mein es auch.»

«Dann geh hinunter, wenn wir denn einig sind», sagte der Alte und folgte dem Kind auf dem Fuße nach. Er ging zum Kessel hin, schob den großen weg und drehte den kleinen heran, der an der Kette hing, setzte sich davor auf den hölzernen Dreifuß mit dem runden Sitz und blies ein helles Feuer an. Im Kessel fing es an zu sieden, und unten hielt der Alte an einer langen Eisengabel ein großes Stück Käse über das Feuer und drehte es hin und her, bis es auf allen Seiten goldgelb war. Heidi hatte mit gespannter Aufmerksamkeit zugesehen. Jetzt mußte ihm etwas Neues in den Sinn gekommen sein; auf einmal sprang es weg und an den Schrank und von da immer hin und her. Jetzt kam der Großvater mit einem Topf und dem Käsebraten an der Gabel zum Tisch heran; da lag schon das runde Brot darauf und zwei Teller und zwei Messer, alles schön geordnet, denn das Heidi hatte alles im Schrank gut wahrgenommen und wußte, daß man es zum Essen brauchen werde.

«So, das ist recht, daß du selbst etwas ausdenkst», sagte der Großvater und legte den Braten auf das Brot als Unterlage; «aber es fehlt noch etwas auf dem Tisch.»

Heidi sah, wie einladend es aus dem Topf hervordampfte, und lief schnell wieder an den Schrank. Da stand nur ein einziges Schüsselchen. Heidi war nicht lange in Verlegenheit, dort hinten sah es zwei Gläser; augenblicklich kam das Kind zurück und stellte Schüsselchen und Glas auf den Tisch.

«Recht so, du weißt dir zu helfen; aber wo willst du sitzen?» Auf dem einzigen Stuhl saß der Großvater selbst. Heidi schoß pfeilschnell zum Herd hin, brachte den kleinen Dreifuß zurück und setzte sich darauf.

«Einen Sitz hast du wenigstens, das ist wahr, nur ein wenig weit unten», meinte der Großvater; «doch von meinem Stuhl aus wärst du auch zu kurz, auf den Tisch zu langen; jetzt mußt du aber einmal etwas haben, so komm!» Damit stand er auf, füllte das Schüsselchen mit Milch, stellte es auf den Stuhl und rückte ihn ganz nahe an den Dreifuß hin, so daß das Heidi nun einen Tisch vor sich hatte. Der Großvater legte ein großes Stück Brot und ein Stück von dem goldenen Käse darauf und sagte: «Jetzt iß!» Er selbst setzte sich auf die Ecke des Tisches und begann sein Mittagsmahl. Heidi ergriff sein Schüsselchen und trank und trank ohne Aufenthalt, denn der ganze Durst einer langen Reise war ihm wieder aufgestiegen. Jetzt tat es einen langen Atemzug – denn im Eifer des Trinkens hatte es lange den Atem nicht holen können – und stellte sein Schüsselchen hin.

«Schmeckt dir die Milch?» fragte der Großvater.

«Ich habe noch nie so gute Milch getrunken», antwortete Heidi.

«So mußt du mehr haben», und der Großvater füllte das Schüsselchen noch einmal bis oben hin und stellte es vor das Kind, das vergnüglich in sein Brot biß, nachdem es von dem weichen Käse daraufgestrichen, denn der war, so gebraten, zart wie Butter, und das schmeckte ganz kräftig zusammen, und zwischendurch trank es seine Milch und sah sehr vergnüglich aus. Als nun das Essen zu Ende war, ging der Großvater in den Geißenstall hinaus und hatte da allerhand in Ordnung zu bringen, und Heidi sah ihm aufmerksam zu, wie er erst mit dem Besen säuberte, dann frische Streu legte, daß die Tierchen darauf schlafen konnten, wie er dann nach dem Schöpfchen nebenan ging und hier runde Stöcke zurechtschnitt und an einem Brett herumhackte und Löcher hineinbohrte und dann die runden Stöcke hineinsteckte und aufstellte; da war es auf einmal ein Stuhl wie der vom Großvater, nur viel höher, und Heidi staunte das Werk an, sprachlos vor Verwunderung.

«Was ist das, Heidi?» fragte der Großvater.

«Das ist mein Stuhl, weil er so hoch ist; auf einmal war er fertig», sagte das Kind, noch in tiefem Erstaunen und Bewunderung.

«Es weiß, was es sieht, es hat die Augen am rechten Ort», bemerkte der Großvater vor sich hin, als er nun um die Hütte herumging und hier einen Nagel einschlug und dort einen und dann an der Tür etwas zu befestigen hatte und so mit Hammer und Nägeln und Holzstücken von einem Ort zum anderen wanderte und immer etwas ausbesserte oder wegschlug, je nach dem Bedürfnis. Heidi ging Schritt für Schritt hinter ihm her und schaute ihm unverwandt mit der größten Aufmerksamkeit zu, und alles, was da vorging, war ihm sehr kurzweilig anzusehen.

So kam der Abend heran. Es fing stärker an zu rauschen in den alten Tannen, ein mächtiger Wind fuhr daher und sauste und brauste durch die dichten Wipfel. Das tönte dem Heidi so schön in die Ohren und ins Herz hinein, daß es ganz fröhlich darüber wurde und hüpfte und sprang unter den Tannen umher, als hätte es eine unerhörte Freude erlebt. Der Großvater stand unter der Schopftür und schaute dem Kind zu. Jetzt ertönte ein schriller Pfiff. Heidi hielt an in seinen Sprüngen, der Großvater trat heraus. Von oben herunter kam es gesprungen, Geiß um Geiß, wie eine Jagd, und mitten drin der Peter. Mit einem Freudenruf schoß Heidi mitten in das Rudel hinein und begrüßte die alten Freunde von heute morgen einen um den anderen. Bei der Hütte angekommen, stand alles still, und aus der Herde heraus kamen zwei schöne, schlanke Geißen, eine weiße und eine braune, auf den Großvater zu und leckten seine Hände, denn er hielt ein wenig Salz darin, wie er jeden Abend zum Empfang seiner zwei Tierlein tat. Der Peter verschwand mit seiner Schar. Heidi streichelte zärtlich die eine und dann die andere von den Geißen und sprang um sie herum, um sie von der anderen Seite auch zu streicheln, und war ganz Glück und Freude über die Tierchen. «Sind sie unser, Großvater? Sind sie beide unser? Kommen sie in den Stall? Bleiben sie immer bei uns?» so fragte Heidi hintereinander in seinem Vergnügen, und der Großvater konnte kaum sein stetiges «Ja, ja!» zwischen die eine und die andere Frage hineinbringen. Als die Geißen ihr Salz aufgeleckt hatten, sagte der Alte: «Geh und hol dein Schüsselchen heraus und das Brot.»

Heidi gehorchte und kam gleich wieder. Nun melkte der Großvater gleich von der Weißen das Schüsselchen voll und schnitt ein Stück Brot ab und sagte: «Nun iß und dann geh hinauf und schlaf! Die Base Dete hat noch ein Bündelchen dagelassen für dich, da seien Hemdlein und so etwas drin, das liegt unten im Kasten, wenn du's brauchst; ich muß nun mit den Geißen hinein, so schlaf wohl!»

«Gut' Nacht, Großvater! Gut' Nacht – wie heißen sie, Großvater, wie heißen sie?» rief das Kind und lief dem verschwindenden Alten und den Geißen nach.

«Die Weiße heißt Schwänli und die Braune Bärli», gab der Großvater zurück.

«Gut' Nacht, Schwänli, gut' Nacht, Bärli», rief Heidi mit Macht, denn eben verschwanden beide in den Stall hinein. Nun setzte sich Heidi noch auf die Bank und aß sein Brot und trank seine Milch; aber der starke Wind wehte es fast von seinem Sitz herunter; so machte es schnell fertig, ging dann hinein und stieg zu seinem Bett hinauf, in dem es auch gleich nachher so fest und herrlich schlief, als nur einer im schönsten Fürstenbett schlafen konnte. Nicht lange nachher, noch eh' es völlig dunkel war, legte auch der Großvater sich auf sein Lager, denn am Morgen war er immer schon mit der Sonne wieder draußen, und die kam sehr früh über die Berge hereingestiegen in dieser Sommerzeit. In der Nacht wurde der Wind so gewaltig, daß bei seinen Stößen die ganze Hütte erzitterte und es in allen Balken krachte; durch den Schornstein heulte und ächzte es wie Jammerstimmen, und in den alten Tannen draußen tobte es mit solcher Wucht, daß hier und da ein Ast niederkrachte. Mitten in der Nacht stand der Großvater auf und sagte halblaut vor sich hin: «Es wird sich wohl fürchten.» Er stieg die Leiter hinauf und trat an Heidis Lager heran. Der Mond draußen stand einmal helleuchtend am Himmel, dann fuhren wieder die jagenden Wolken darüber hin, und alles wurde dunkel. Jetzt kam der Mondschein eben leuchtend durch die runde Öffnung herein und fiel gerade auf Heidis Lager. Es hatte sich feuerrote Backen erschlafen unter seiner schweren Decke, und ganz ruhig und friedlich lag es auf seinem runden Ärmchen und träumte von etwas Erfreulichem, denn sein Gesichtchen sah ganz wohlgemut aus. Der Großvater schaute so lange auf das friedlich schlafende Kind, bis der Mond wieder hinter die Wolken trat und es dunkel wurde, dann kehrte er auf sein Lager zurück.

Thomas Mann

Eine Familienfeier
im Hause Buddenbrook

«Was ist das. – Was – ist das...»

«Je, den Düwel ook, c'est la question, ma très chère demoiselle!»

Die Konsulin Buddenbrook, neben ihrer Schwiegermutter auf dem geradlinigen, weißlackierten und mit einem goldenen Löwenkopf verzierten Sofa, dessen Polster hellgelb überzogen waren, warf einen Blick auf ihren Gatten, der in einem Armsessel bei ihr saß, und kam ihrer kleinen Tochter zu Hilfe, die der Großvater am Fenster auf den Knien hielt.

«Tony!» sagte sie, «ich glaube, daß mich Gott –»

Und die kleine Antonie, achtjährig und zartgebaut, in einem Kleidchen aus ganz leichter changierender Seide, den hübschen Blondkopf ein wenig vom Gesichte des Großvaters abgewandt, blickte aus ihren graublauen Augen angestrengt nachdenkend und ohne etwas zu sehen ins Zimmer hinein, wiederholte noch einmal: «Was ist das», sprach darauf langsam: «Ich glaube, daß mich Gott», fügte, während ihr Gesicht sich aufklärte, rasch hinzu: «– geschaffen hat samt allen Kreaturen», war plötzlich auf glatte Bahn geraten und schnurrte nun, glückstrahlend und unaufhaltsam den ganzen Artikel daher, getreu nach dem Katechismus, wie er soeben, Anno 1835, unter Genehmigung eines hohen und wohlweisen Senates, neu revidiert herausgegeben war. Wenn man im Gange war, dachte sie, war es ein Gefühl, wie wenn man im Winter auf dem kleinen Handschlitten mit den Brüdern den

Jerusalemsberg hinunterfuhr: Es vergingen einem geradezu die Gedanken dabei, und man konnte nicht einhalten, wenn man auch wollte.

«Dazu Kleider und Schuhe», sprach sie, «Essen und Trinken, Haus und Hof, Weib und Kind, Acker und Vieh . . .» Bei diesen Worten aber brach der alte Monsieur Johann Buddenbrook einfach in Gelächter aus, in sein helles, verkniffenes Kichern, das er heimlich in Bereitschaft gehalten hatte. Er lachte vor Vergnügen, sich über den Katechismus mokieren zu können, und hatte wahrscheinlich nur zu diesem Zwecke das kleine Examen vorgenommen. Er erkundigte sich nach Tonys Acker und Vieh, fragte, wieviel sie für den Sack Weizen nähme, und erbot sich, Geschäfte mit ihr zu machen. Sein rundes, rosig überhauchtes und wohlmeinendes Gesicht, dem er beim besten Willen keinen Ausdruck von Bosheit zu geben vermochte, wurde von schneeweiß gepudertem Haar eingerahmt, und etwas wie ein ganz leise angedeutetes Zöpflein fiel auf den breiten Kragen seines mausgrauen Rockes hinab. Er war, mit seinen siebzig Jahren, der Mode seiner Jugend nicht untreu geworden; nur auf den Tressenbesatz zwischen den Knöpfen und den großen Taschen hatte er verzichtet, aber niemals im Leben hatte er lange Beinkleider getragen. Sein Kinn ruhte breit, doppelt und mit einem Ausdruck von Behaglichkeit auf dem weißen Spitzenjabot.

Alle hatten in sein Lachen eingestimmt, hauptsächlich aus Ehrerbietung gegen das Familienoberhaupt. Madame Antoinette Buddenbrook, geborene Duchamps, kicherte in genau derselben Weise wie ihr Gatte. Sie war eine korpulente Dame mit dicken weißen Locken über den Ohren, einem schwarz und hellgrau gestreiften Kleide ohne Schmuck, das Einfachheit und Bescheidenheit verriet, und mit noch immer schönen und weißen Händen, in denen sie einen kleinen, sammetnen Pompadour auf dem Schoße hielt. Ihre Gesichtszüge waren im Laufe der Jahre auf wunderliche Weise denjenigen ihres Gatten ähnlich geworden. Nur der Schnitt und die lebhafte

Dunkelheit ihrer Augen redeten ein wenig von ihrer halb romanischen Herkunft; sie stammte großväterlicherseits aus einer französisch-schweizerischen Familie und war eine geborene Hamburgerin.

Ihre Schwiegertochter, die Konsulin Elisabeth Buddenbrook, eine geborene Kröger, lachte das Kröger'sche Lachen, das mit einem pruschenden Lippenlaut begann, und bei dem sie das Kinn auf die Brust drückte. Sie war, wie alle Krögers, eine äußerst elegante Erscheinung, und war sie auch keine Schönheit zu nennen, so gab sie doch mit ihrer hellen und besonnenen Stimme, ihren ruhigen, sicheren und sanften Bewegungen aller Welt ein Gefühl von Klarheit und Vertrauen. Ihrem rötlichen Haar, das auf der Höhe des Kopfes zu einer Krone gewunden und in breiten künstlichen Locken über die Ohren frisiert war, entsprach ein außerordentlich zartweißer Teint mit vereinzelten kleinen Sommersprossen. Das Charakteristische an ihrem Gesicht mit der etwas zu langen Nase und dem kleinen Munde, war, daß zwischen Unterlippe und Kinn sich durchaus keine Vertiefung befand. Ihr kurzes Mieder mit hochgepufften Ärmeln, an das sich ein enger Rock aus duftiger, hellgeblümter Seide schloß, ließ einen Hals von vollendeter Schönheit frei, geschmückt mit einem Atlasband, an dem eine Komposition von großen Brillanten flimmerte.

Der Konsul beugte sich mit einer etwas nervösen Bewegung im Sessel vornüber. Er trug einen zimmetfarbenen Rock mit breiten Aufschlägen und keulenförmigen Ärmeln, die sich erst unterhalb des Gelenkes eng um die Hand schlossen. Seine anschließenden Beinkleider bestanden aus einem weißen, waschbaren Stoff und waren an den Außenseiten mit schwarzen Streifen versehen. Um die steifen Vatermörder, in die sich sein Kinn schmiegte, war die seidene Krawatte geschlungen, die dick und breit den ganzen Ausschnitt der buntfarbigen Weste ausfüllte... Er hatte die ein wenig tiefliegenden, blauen und aufmerksamen Augen seines Vaters, wenn ihr Ausdruck auch vielleicht träumerischer war; aber seine Gesichtszüge waren ernster und schärfer, seine Nase sprang stark und gebogen hervor, und die Wangen, bis zu deren Mitte blonde, lockige Bartstreifen liefen, waren viel weniger voll als die des Alten.

Madame Buddenbrook wandte sich an ihre Schwiegertochter, drückte mit der Hand ihren Arm, sah ihr kichernd in den Schoß und sagte:

«Immer der nämliche, mon vieux, Bethsy...?» «Immer» sprach sie wie «ümmer» aus.

Die Konsulin drohte nur schweigend mit ihrer zarten Hand, so daß ihr goldenes Armband leise klirrte; und dann vollführte sie eine ihr eigentümliche Handbewegung vom Mundwinkel zur Frisur hinauf, als ob sie ein loses Haar zurückstriche, das sich dorthin verirrt hatte.

Der Konsul aber sagte mit einem Gemisch von entgegenkommendem Lächeln und Vorwurf in der Stimme:

«Aber Vater, Sie belustigen sich wieder einmal über das Heiligste!»

Man saß im «Landschaftszimmer» im ersten Stockwerk des weitläufigen alten Hauses in der Mengstraße, das die Firma ‹Johann Buddenbrook› vor einiger Zeit käuflich erworben hatte und das die Familie noch nicht lange bewohnte. Die starken und elastischen Tapeten, die von den Mauern durch einen leeren Raum getrennt waren, zeigten umfangreiche Landschaften, zartfarbig wie der dünne Teppich, der den Fußboden bedeckte, Idylle im Geschmack des achtzehnten Jahrhunderts, mit fröhlichen Winzern, emsigen Ackersleuten, nett bebänderten Schäferinnen, die reinliche Lämmer am Rande spiegelnden Wassers im Schoße hielten oder sich mit zärtlichen Schäfern küßten... Ein gelblicher Sonnenuntergang herrschte meistens auf diesen Bildern, mit dem der gelbe Überzug der weißlackierten Möbel und die gelbseidenen Gardinen vor den beiden Fenstern übereinstimmten.

Im Verhältnis zu der Größe des Zimmers waren die Möbel

nicht zahlreich. Der runde Tisch mit den dünnen, geraden und leicht mit Gold ornamentierten Beinen stand nicht vor dem Sofa, sondern an der entgegengesetzten Wand, dem kleinen Harmonium gegenüber, auf dessen Deckel ein Flötenbehälter lag. Außer den regelmäßig an den Wänden verteilten, steifen Armstühlen gab es nur noch einen kleinen Nähtisch am Fenster und, dem Sofa gegenüber, einen zerbrechlichen Luxus-Sekretär, bedeckt mit Nippes.

Durch eine Glastür, den Fenstern gegenüber, blickte man in das Halbdunkel einer Säulenhalle hinaus, während sich linker Hand vom Eintretenden die hohe, weiße Flügeltür zum Speisesaale befand. An der anderen Wand aber knisterte, in einer halbkreisförmigen Nische und hinter einer kunstvoll durchbrochenen Tür aus blankem Schmiedeeisen, der Ofen.

Denn es war frühzeitig kalt geworden. Draußen, jenseits der Straße, war schon jetzt, um die Mitte des Oktober, das Laub der kleinen Linden vergilbt, die den Marienkirchhof umstanden, um die mächtigen gotischen Ecken und Winkel der Kirche pfiff der Wind, und ein feiner, kalter Regen ging hernieder. Madame Buddenbrook, der Älteren, zuliebe hatte man die doppelten Fenster schon eingesetzt.

Es war Donnerstag, der Tag, an dem ordnungsgemäß jede zweite Woche die Familie zusammenkam; heute aber hatte man, außer den in der Stadt ansässigen Familiengliedern, auch ein paar gute Hausfreunde auf ein ganz einfaches Mittagbrot gebeten, und man saß nun, gegen vier Uhr nachmittags, in der sinkenden Dämmerung und erwartete die Gäste . . .

Die kleine Antonie hatte sich in ihrer Schlittenfahrt durch den Großvater nicht stören lassen, sondern hatte nur schmollend die immer ein bißchen hervorstehende Oberlippe noch weiter über die untere geschoben. Jetzt war sie am Fuße des ‹Jerusalemsberges› angelangt; aber unfähig, der glatten Fahrt plötzlich Einhalt zu tun, schoß sie noch ein Stück über das Ziel hinaus . . .

«Amen», sagte sie, «ich weiß was, Großvater!»

«Tiens! Sie weiß was!» rief der alte Herr und tat, als ob ihn die Neugier im ganzen Körper plage. «Hast du gehört, Mama? Sie weiß was! Kann mir denn niemand sagen...»

«Wenn es ein warmer Schlag ist», sprach Tony und nickte bei jedem Wort mit dem Kopfe, «so schlägt der Blitz ein. Wenn es aber ein kalter Schlag ist, so schlägt der Donner ein!»

Hierauf kreuzte sie die Arme und blickte in die lachenden Gesichter wie jemand, der seines Erfolges sicher ist. Herr Buddenbrook aber war böse auf diese Weisheit, er verlangte durchaus zu wissen, wer dem Kinde diese Stupidität beigebracht habe, und als sich ergab, Ida Jungmann, die kürzlich für die Kleinen engagierte Mamsell aus Marienwerder, sei es gewesen, mußte der Konsul diese Ida in Schutz nehmen.

«Sie sind zu streng, Papa. Warum sollte man in diesem Alter über dergleichen Dinge nicht seine eigenen wunderlichen Vorstellungen haben dürfen...»

«Excusez, mon cher!... Mais c'est une folie! Du weißt, daß solche Verdunkelung der Kinderköpfe mir verdrüßlich ist! Wat, de Dunner sleit in? Da sall doch gliek de Dunner inslahn! Geht mir mit eurer Preußin...»

Die Sache war die, daß der alte Herr auf Ida Jungmann nicht zum besten zu sprechen war. Er war kein beschränkter Kopf. Er hatte ein Stück von der Welt gesehen, war Anno 13 vierspännig nach Süddeutschland gefahren, um als Heereslieferant für Preußen Getreide aufzukaufen, war in Amsterdam und in Paris gewesen und hielt, ein aufgeklärter Mann, bei Gott nicht alles für verurteilenswürdig, was außerhalb der Tore seiner giebeligen Vaterstadt lag. Abgesehen vom geschäftlichen Verkehr aber, in gesellschaftlicher Beziehung, war er mehr als sein Sohn, der Konsul, geneigt, strenge Grenzen zu ziehen und Fremden ablehnend zu begegnen. Als daher eines Tages seine Kinder von einer Reise nach Westpreußen dies junge Mädchen – sie war erst jetzt zwanzig Jahre alt – als eine Art Jesuskind mit sich ins Haus gebracht hatten, eine Waise, die Tochter eines unmittelbar vor Ankunft der Buddenbrooks in Marienwerder verstorbenen Gasthofsbesitzers, da hatte der Konsul für diesen frommen Streich einen Auftritt mit seinem Vater zu bestehen gehabt, bei dem der alte Herr fast nur französisch und plattdeutsch sprach... Übrigens hatte Ida Jungmann sich als tüchtig im Haushalt und im Verkehr mit Kindern erwiesen und eignete sich mit ihrer Loyalität und ihren preußischen Rangbegriffen im Grunde aufs beste für ihre Stellung in diesem Hause. Sie war eine Person von aristokratischen Grundsätzen, die haarscharf zwischen ersten und zweiten Kreisen, zwischen Mittelstand und geringerem Mittelstand unterschied, sie war stolz darauf, als ergebene Dienerin den ersten Kreisen anzugehören, und sah es ungern, wenn Tony sich etwa mit einer Schulkameradin befreundete, die nach Mamsell Jungmanns Schätzung nur dem guten Mittelstande zuzurechnen war...

In diesem Augenblick ward die Preußin selbst in der Säulenhalle sichtbar und trat durch die Glastür ein: ein ziemlich großes, knochig gebautes Mädchen in schwarzem Kleide, mit glattem Haar und einem ehrlichen Gesicht. Sie führte die kleine Klothilde an der Hand, ein außerordentlich mageres Kind in geblümtem Kattunkleidchen, mit glanzlosem, aschigem Haar und stiller Altjungfernmiene. Sie stammte aus einer völlig besitzlosen Nebenlinie, war die Tochter eines bei Rostock als Gutsinspektor ansässigen Neffen des alten Herrn Buddenbrook und ward, weil sie gleichaltrig mit Antonie und ein williges Geschöpf war, hier im Hause erzogen.

«Es ist alles bereit», sagte Mamsell Jungmann und schnurrte das r in der Kehle, denn sie hatte es ursprünglich überhaupt nicht aussprechen können. «Klothildchen hat tücht'g geholfen in der Küche, Trina hat fast nichts zu tun brauchen...»

Monsieur Buddenbrook schmunzelte spöttisch in sein Jabot über Idas fremdartige Aussprache; der Konsul aber streichelte seiner kleinen Nichte die Wange und sagte:

«So ist es recht, Thilda. Bete und arbeite, heißt es. Unsere Tony soll sich ein Beispiel daran nehmen. Sie neigt nur allzuoft zu Müßiggang und Übermut...»

Tony ließ den Kopf hängen und blickte von unten herauf den Großvater an, denn sie wußte wohl, daß er sie, wie gewöhnlich, verteidigen werde.

«Nein, nein», sagte er, «Kopf hoch, Tony, courage! Eines schickt sich nicht für alle. Jeder nach seiner Art. Thilda ist brav, aber wir sind auch nicht zu verachten. Spreche ich raisonnable, Bethsy?»

Er wandte sich an seine Schwiegertochter, die seinem Geschmacke beizupflichten pflegte, während Madame Antoinette, mehr aus Klugheit wohl denn aus Überzeugung, meistens die Partei des Konsuls nahm. So reichten sich die beiden Generationen, im chassé croisé gleichsam, die Hände.

«Sie sind sehr gut, Papa», sagte die Konsulin. «Tony wird sich bemühen, eine kluge und tüchtige Frau zu werden... Sind die Knaben aus der Schule gekommen?» fragte sie Ida.

Aber Tony, die vom Knie des Großvaters aus in den ‹Spion› durchs Fenster sah, rief fast gleichzeitig:

«Tom und Christian kommen die Johannisstraße herauf... und Herr Hoffstede... und Onkel Doktor...»

Das Glockenspiel von Sankt Martin setzte mit einem Chorale ein: pang! ping, ping, ping – pung! ziemlich taktlos, so daß man nicht recht zu erkennen vermochte, was es eigentlich sein sollte, aber doch voll Feierlichkeit, und während dann die kleine und die große Glocke fröhlich und würdevoll erzählten, daß es vier Uhr sei, schallte auch drunten die Glocke der Windfangtür gellend über die große Diele, worauf es in der Tat Tom und Christian waren, die ankamen, zusammen mit den ersten Gästen, mit Jean Jacques Hoffstede, dem Dichter, und Doktor Grabow, dem Hausarzt.

Herr Jean Jacques Hoffstede, der Poet der Stadt, der sicherlich auch für den heutigen Tag ein paar Reime in der Tasche hatte, war nicht viel jünger als Johann Buddenbrook, der Ältere, und abgesehen von der grünen Farbe seines Leibrockes, in demselben Geschmack gekleidet. Aber er war dünner und beweglicher als sein alter Freund und besaß kleine, flinke, grünliche Augen und eine lange, spitze Nase.

«Besten Dank», sagte er, nachdem er den Herren die Hände geschüttelt und vor den Damen – im besonderen vor der Konsulin, die er außerordentlich verehrte – ein paar seiner ausgesuchtesten compliments vollführt hatte, compliments, wie die neue Generation sie schlechterdings nicht mehr zustande brachte, und die von einem angenehm stillen und verbindlichen Lächeln begleitet waren. «Besten Dank für die freundliche Einladung, meine Hochverehrten. Diese beiden jungen Leute», und er wies auf Tom und Christian, die in blauen Kitteln mit Ledergürteln bei ihm standen, «haben wir in der Königstraße getroffen, der Doktor und ich, als sie von ihren Studien kamen. Prächtige Bursche – Frau Konsulin? Thomas, das ist ein solider und ernster Kopf; er muß Kaufmann werden, darüber besteht kein Zweifel. Christian dagegen scheint mir ein wenig Tausendsassa zu sein, wie? ein wenig incroyable ... Allein ich verhehle nicht mein engouement. Er wird studieren, dünkt mich; er ist witzig und brillant veranlagt ...»

Herr Buddenbrook bediente sich seiner goldenen Tabaksdose.

«'n Aap is hei! Soll er nicht gleich Dichter werden, Hoffstede?»

Mamsell Jungmann steckte die Fenstervorhänge übereinander, und bald lag das Zimmer in dem etwas unruhigen, aber diskreten und angenehmen Licht der Kerzen des Kristallkronleuchters und der Armleuchter, die auf dem Sekretäre standen.

«Nun, Christian», sagte die Konsulin, deren Haar goldig

aufleuchtete, «was hast du heute nachmittag gelernt?» Und es ergab sich, daß Christian Schreiben, Rechnen und Singen gehabt hatte.

Er war ein Bürschchen von sieben Jahren, das schon jetzt in beinahe lächerlicher Weise seinem Vater ähnlich war. Es waren die gleichen, ziemlich kleinen, runden und tiefliegenden Augen, die gleiche stark hervorspringende und gebogene Nase war schon erkenntlich, und unterhalb der Wangenknochen deuteten bereits ein paar Linien darauf hin, daß die Gesichtsform nicht immer die jetzige kindliche Fülle behalten werde.

«Wir haben furchtbar gelacht», fing er an zu plappern, während seine Augen im Zimmer von einem zum anderen gingen. «Paßt mal auf, was Herr Stengel zu Siegmund Köstermann gesagt hat.» Er beugte sich vor, schüttelte den Kopf und redete eindringlich in die Luft hinein: «Äußerlich, mein gutes Kind, äußerlich bist du glatt und geleckt, ja, aber innerlich, mein gutes Kind, da bist du schwarz...» Und dies sagte er unter Weglassung des r und indem er «schwarz» wie «swärz» aussprach – mit einem Gesicht, in dem sich der Unwille über diese «äußerliche» Glätte und Gelecktheit mit einer so überzeugenden Komik malte, daß alles in Gelächter ausbrach.

«'n Aap is hei!» wiederholte der alte Buddenbrook kichernd. Herr Hoffstede aber war außer sich vor Entzücken.

«Charmant!» rief er. «Unübertrefflich! Man muß Marcellus Stengel kennen! Akkurat so! Nein, das ist gar zu köstlich!»

Thomas, dem solche Begabung abging, stand neben seinem jüngeren Bruder und lachte neidlos und herzlich. Seine Zähne waren nicht besonders schön, sondern klein und gelblich. Aber seine Nase war auffallend fein geschnitten, und er ähnelte in den Augen und in der Gesichtsform stark seinem Großvater.

Man hatte zum Teil auf den Stühlen und dem Sofa Platz genommen, man plauderte mit den Kindern, sprach über die frühe Kälte, das Haus... Herr Hoffstede bewunderte am Sekretär ein prachtvolles Tintenfaß aus Sèvres-Porzellan in

Gestalt eines schwarzgefleckten Jagdhundes. Doktor Grabow aber, ein Mann vom Alter des Konsuls, zwischen dessen spärlichem Backenbart ein langes, gutes und mildes Gesicht lächelte, betrachtete die Kuchen, Korinthenbrote und verschiedenartigen gefüllten Salzfäßchen, die auf dem Tisch zur Schau gestellt waren. Es war das ‹Salz und Brot›, das der Familie von Verwandten und Freunden zum Wohnungswechsel übersandt worden war. Da man aber sehen sollte, daß die Gabe nicht aus geringen Häusern komme, bestand das Brot in süßem, gewürztem und schwerem Gebäck und war das Salz von massivem Golde umschlossen.

«Ich werde wohl zu tun bekommen», sagte der Doktor, indem er auf die Süßigkeiten wies und den Kindern drohte. Dann hob er mit wiegendem Kopf ein gediegenes Gerät für Salz, Pfeffer und Senf empor.

«Von Lebrecht Kröger», sagte Monsieur Buddenbrook schmunzelnd. «Immer kulant, mein lieber Herr Verwandter. Ich habe ihm dergleichen nicht spendiert, als er sich sein Gartenhaus vorm Burgtor gebaut hatte. Aber so war er immer... nobel! spendabel! ein à la mode-Kavalier.»

Mehrmals hatte die Glocke durchs ganze Haus gegellt. Pastor Wunderlich langte an, ein untersetzter alter Herr in langem, schwarzem Rock, mit gepudertem Haar und einem weißen, behaglich lustigen Gesicht, in dem ein Paar grauer, munterer Augen blinzelten. Er war seit vielen Jahren Witwer und rechnete sich zu den Junggesellen aus der alten Zeit, wie der lange Makler, Herr Grätjens, der mit ihm kam und beständig eine seiner hageren Hände nach Art eines Fernrohrs zusammengerollt vors Auge hielt, als prüfe er ein Gemälde; er war ein allgemein anerkannter Kunstkenner.

Auch Senator Doktor Langhals nebst Frau kamen an, langjährige Freunde des Hauses, – nicht zu vergessen den Weinhändler Köppen mit dem großen, dunkelroten Gesicht, das zwischen den hochgepolsterten Ärmeln saß, und seine gleichfalls so sehr beleibte Gattin...

Es war schon nach halb fünf Uhr, als schließlich die Krögers eintrafen, die Alten sowohl wie ihre Kinder, Konsul Krögers mit ihren Söhnen Jakob und Jürgen, die im Alter von Tom und Christian standen. Und fast gleichzeitig mit ihnen kamen auch die Eltern der Konsulin Kröger, Holzgroßhändler Oeverdieck nebst Frau, ein altes, zärtliches Ehepaar, das sich vor aller Ohren mit den bräutlichsten Kosenamen zu benennen pflegte.

«Feine Leute kommen spät», sagte Konsul Buddenbrook und küßte seiner Schwiegermutter die Hand.

«Öwer denn ook gliek düchtig!» und Johann Buddenbrook machte eine weite Armbewegung über die Kröger'sche Verwandtschaft hin, indem er dem Alten die Hand schüttelte...

Lebrecht Kröger, der à la mode-Kavalier, eine große, distinguierte Erscheinung, trug noch leicht gepudertes Haar, war aber modisch gekleidet. An seiner Sammetweste blitzten zwei Reihen von Edelsteinknöpfen. Justus, sein Sohn, mit kleinem Backenbart und spitz emporgedrehtem Schnurrbart, ähnelte, was Figur und Benehmen anbetraf, stark seinem Vater; auch über die nämlichen runden und eleganten Handbewegungen verfügte er.

Man setzte sich gar nicht erst, sondern stand, in Erwartung der Hauptsache, in einem vorläufigen und nachlässigen Gespräch beieinander. Und Johann Buddenbrook, der Ältere, bot auch schon Madame Köppen seinen Arm, indem er mit vernehmlicher Stimme sagte:

«Na, wenn wir alle Appetit haben, mesdames et messieurs...»

Mamsell Jungmann und das Folgmädchen hatten die weiße Flügeltür zum Speisesaal geöffnet, und langsam, in zuversichtlicher Gemächlichkeit, bewegte sich die Gesellschaft hinüber; man konnte eines nahrhaften Bissens gewärtig sein bei Buddenbrooks...

Großväter
sind
verehrte Festgäste

JOHANN WOLFGANG VON GOETHE

Bei dem erfreulichen Anbruche des 1757. Jahres
wollte seinen
hochgeehrtesten und herzlichgeliebten
Großeltern
die Gesinnung kindlicher Hochachtung und Liebe
durch folgende Segenswünsche zu erkennen geben
deroselben treugehorsamster Enkel
Johann Wolfgang Goethe.

Erhabner Großpapa!

Ein Neues Jahr erscheint,
Drum muß ich meine Pflicht und Schuldigkeit
    entrichten.
Die Ehrfurcht heißt mich hier aus reinem Herzen
    dichten,
So schlecht es aber ist, so gut ist es gemeint.
Gott, der die Zeit erneut, erneure auch Ihr Glück,
Und kröne Sie dies Jahr mit stetem
    Wohlergehen;
Ihr Wohlsein müsse lang so fest wie Zedern
    stehen,
Ihr Tun begleite stets ein günstiges Geschick;
Ihr Haus sei wie bisher des Segens Sammelplatz,
Und lasse Sie noch spät Möninens Ruder führen,
Gesundheit müsse Sie bis an Ihr Ende zieren,
Denn diese ist gewiß der allergrößte Schatz.

ERNST HEIMERAN

Der 70. Geburtstag

Es könnte auch der fünfundsiebzigste sein oder überhaupt eine jener späteren Lebensstationen, an denen man sich nicht gerne mit neuem Gepäck belastet. Da erhebt sich für die Angehörigen die Frage: Was schenkt man zu solchen Geburtstagen, insbesondere, wenn es sich um Männer handelt, um Väter, um Großväter?

Es ist an und für sich schon schwierig, Vätern Geschenke zu machen. Sie haben, was sie brauchen, oder sie kaufen sich, was ihnen fehlt. Man schenkt ihnen daher, was man immer brauchen kann und was immer wieder fehlt: Zigarren, Wein, Krawatten, Bücher. Wenn man das aber bereits ein Leben lang getan hat, wenn sämtliche Systeme von Korkziehern vorhanden und sämtliche Persönlichkeiten der Geschichte biographisch vertreten sind, dann fragt man sich als Gattin, Kind oder Schwiegersohn verzweifelt: Was nun? Was noch?

Denn jetzt, nachdem sämtliche Möglichkeiten erschöpft sind, soll es überdies etwas Besonderes sein; sie widmen dem Jubilar etwas gutgemeint Schriftkünstlerisches, eine sogenannte Adresse oder etwas Graviertes oder etwas unbenutzbar Repräsentatives in Silber oder Kristall. Wir Familienangehörigen aber stehen vor der Aufgabe: Was ist innig, nützlich und höchstpersönlich zugleich?

Den Jubilar selbst darüber zu befragen, hat keinen Sinn. Er wird uns empfehlen, uns nicht in Unkosten zu stürzen, und überdies wünsche er den Tag in aller Stille zu begehen. Auch werden wir vergeblich unter den sogenannten Neuheiten, die auf den Markt kommen, etwas Geeignetes ausmitteln. Glaubt irgendwer, daß sich ein Jubilar etwa an einem ganz neuartigen Rasierapparat freuen würde? Ich glaube, er würde ihn in der Nachttischschublade verschwinden lassen und sich mit seinem alten Apparat weiterrasieren, und so würde er mit allen Neuheiten verfahren.

Nein, für einen Jubilar im Familienkreis kommen ernstlich nur Geschenke in Frage, die der Fülle des Gemüts entspringen. Als Kind machte es einem keine Schwierigkeiten, ein väterliches Geburtstagsfest aus eigenen Kräften zu schmücken. Eine Handarbeit, ein Gedicht, ein Vortrag auf der Geige, eine Aufführung wohl gar, in der ein Engel oder Genius (in ein langes Nachthemd gekleidet) ewige Gesundheit und Freude verhieß, dergleichen verfehlte seinen Eindruck nie.

Aber da ich, selbst schon Vater geworden, diesen Eindruck mit Nachthemdallegorien oder Ziernagelarbeiten persönlich nicht mehr hervorbringen kann, verfalle ich auf den Ausweg, meine Kinder heranzuziehen und aus ihnen Kapital zu schlagen.

«Christiane, komm einmal her!» rufe ich. «Wir müssen uns etwas ausdenken. Der Opa hat demnächst Geburtstag.»

«Mit Lichtern?»

«Natürlich mit Lichtern. Und nachher gibt es Torte. Aber vorher müssen wir ihm etwas machen, was wir ihm schenken können.»

«Ein Puppenhaus!» schlägt Christiane vor. Sie empfiehlt aller Welt, sich Puppenhäuser zu wünschen oder wenigstens nachts davon zu träumen. Ich sage, ich hätte eher daran gedacht, daß sie dem Opa etwas zeichne.

«Nein, Dati – weißt du...»

Sie ist nur schwer vom Puppenhaus abzubringen.

«Du darfst auch malen», locke ich.

«Mit dem Pinsel?»

«Meinetwegen. Aber dann darfst du nicht wieder so auf dem Tisch herumschmieren wie neulich.»

Ich nehme den Malkasten aus der Schublade.

«Was soll ich denn malen, Dati?»

«Irgend etwas, was dir einfällt.»

«Mir fällt nichts ein», erklärt Christiane launisch.

«Ach, du malst doch sonst immer irgend etwas, ein Haus vielleicht?»

«Nein, Dati – eine Eidechse.»

«Gut, male eine Eidechse.»

«Nein, Dati – einen Briefkasten.»

Ich verschlucke Ermahnungen über dies beständige «Nein – Nein»; denn schließlich bin ich jetzt zum Siebzigsten auf Christiane angewiesen. Dies herausspürend, wütet sie gewaltig in den Farben herum.

Till, der es beobachtet, meldet sich nun ebenfalls und will auch malen.

«Nein, du bist noch zu klein», verweist ihn Christiane, ohne ihre Arbeit zu unterbrechen.

«Ich bin nicht zu klein», erklärt Till zornig und schleudert seinen Bären auf den Tisch.

«Till, wie kommst du mir vor?» schreit Christiane.

«Christiane, wie bist denn du?» schreit Till.

Das sind die heftigsten Ausdrücke ihres Scheltens.

«Ruhe!» kommandiere ich. «Christiane malt und Till schreibt. Komm, Till, wir schreiben ein Gedicht, und das darfst du aufsagen. Weißt du, was ein Gedicht ist?»

«Ja», sagt Till gefällig.

«So, was denn?»

«Weiß nicht.»

«Wenn sich's reimt», mischt sich Christiane siebengescheit ein.

«Gelt, bin ein Tirolerbub, hab immer frohen Mut, reimt sich nicht?»

«Nein, nicht recht.»

«Gelt, Dati», sagt Till, «Kastanie und Pfefferminz reimt sich nicht?»

«Du gute Seel!» ruft Christiane und umarmt ihren Bruder in zärtlicher Erheiterung.

«Obacht, der Malkasten!» rufe ich. «Paß doch auf und mach weiter.»

«Bin schon fertig.»

Ich betrachte das Blatt. Es ist sehr bunt, und daher gefällt es mir, obwohl ich wenig von dem beabsichtigten Briefkasten darin bemerke. «Es sind wohl Bienenstöcke geworden?» sage ich. «Sind das Stöcke, mit denen die Bienchen spazierengehen?» Worauf wir natürlich lange von Bienen reden müssen und vom Geburtstag etwas abkommen. Auch kostet es Till ziemlich Mühe, seinen Vers zu behalten, in dem Opa auf Europa gereimt ist. Jeden Morgen proben wir von neuem, bis sich Till dermaßen mit Europa angefreundet hat, daß er es unaufhörlich im Munde führt. Er spielt ständig mit dem Wort, er singt, er brüllt es in allen Tonarten, wir können es schon gar nicht mehr hören. Am Geburtstagsmorgen, ehe wir uns auf den Weg machen, proben wir ein letztes Mal.

«Nun, liebe Kinder?» sage ich.

Die lieben Kinder lächeln verschämt.

«Unser lieber Opa...» helfe ich nach.

Till senkt Strauß und Blick und schweigt. Christiane rupft verlegen an ihrem Gemälde. Es entsteht jene berühmte Peinlichkeit, die in Tränen enden wird, wenn nicht rasch Hilfe kommt.

Und sie kommt. Es läutet. Das Mädchen der Großeltern bringt eine Torte und bestellt, die sollten sich die Kinder gut schmecken lassen. Großvater sei verreist, man solle es ihm nicht übelnehmen, daß er sich allen Glückwünschen zum Siebzigsten entzogen habe.

So müssen wir's ihm schriftlich geben, mit welchem Jubel wir seinen Tag feierten und wie oft Till auf einmal wieder den Opa und Europa hat hochleben lassen.

A. P. Tschechow

Wanjka

Wanjka Shukow, ein neunjähriger Knabe, den man vor drei Monaten zum Schuster Aljachin in die Lehre gegeben hatte, legte sich am Weihnachtsabend nicht schlafen. Er wartete, bis die Wirtsleute und Gesellen zum Frühgottesdienst gegangen waren, holte aus des Meisters Schrank das Tintenfaß, den Federhalter mit der verrosteten Feder hervor, legte einen zerknüllten Bogen Papier vor sich und begann zu schreiben. Ehe er den ersten Buchstaben hinsetzte, schaute er sich einige Male ängstlich nach Tür und Fenstern um, schielte nach dem dunklen Heiligenbild hin, zu dessen beiden Seiten sich Wandbretter mit den Leisten hinzogen, und seufzte tief auf. Das Papier lag auf der Bank, und er selbst kniete vor der Bank.

«Liebes Großväterchen Konstantin Makarytsch!» schrieb er. «Ich schreibe Dir einen Brief. Ich gratuliere Euch zu Weihnachten und wünsche Dir alles Gute vom Herrgott. Ich habe weder Vater noch Mutter, nur Du allein bist mir geblieben.»

Wanjka ließ die Augen zum dunklen Fenster gleiten, in dem sich eine Kerze widerspiegelte, und stellte sich lebhaft seinen Großvater Konstantin Makarytsch vor, der als Nachtwächter bei den Herrschaften Shiwarjow diente. Er ist ein kleiner, hagerer, aber ungewöhnlich behender und beweglicher Greis von fünfundsechzig Jahren, mit einem ewig lächelnden Gesicht und Trinkeräuglein. Tagsüber schläft er in der Leuteküche oder schäkert mit den Köchinnen, nachts aber

geht er, mit einem weiten Schafpelz umgetan, um das Guts-
gehöft herum und schlägt sein Klopfholz. Hinter ihm laufen
mit gesenktem Kopf die alte Kaschtanka und der junge
«Wjun». Dieser «Wjun» ist ungewöhnlich höflich und
freundlich, betrachtet die eigenen Leute und Fremde mit
gleichem Wohlgefallen, erfreut sich aber keiner Sympathie.
Unter seiner Höflichkeit und Demut verbirgt sich eine vollkommen jesuitische Tücke. Niemand versteht es besser als er,
sich im rechten Augenblick heranzustehlen und einen beim
Bein zu packen, sich in den Eiskeller einzuschleichen oder
dem Bauern ein Huhn zu stehlen. Schon manches Mal hat
man ihm die Hinterbeine fast zerschlagen, zweimal hat man
ihn aufgehängt, hat ihn allwöchentlich halb zu Tode geprügelt, aber er lebte immer wieder auf.

Jetzt steht sicherlich Großväterchen am Tor, blinzelt zu
den hell erleuchteten Fenstern der Dorfkirche hinüber und
schwatzt lustig mit dem Hofgesinde, indem er dabei mit
seinen Filzstiefeln von einem Fuß auf den andern tritt. Sein
Klopfholz hat er an den Gürtel gebunden. Er schlägt die Arme
zusammen, krümmt sich vor Kälte und kneift, greisenhaft
kichernd, bald das Stubenmädchen, bald die Köchin.

«Wollen wir nicht etwas Tabak schnupfen?» fragt er und
hält den Weibern seine Tabaksdose hin.

Die Weiber schnupfen und niesen. Großvater gerät in
unbeschreibliches Entzücken, bricht in ein fröhliches Gelächter aus und schreit: «Das ist ja wirklich zum Totlachen!»

Auch den Hunden geben sie Tabak zu schnupfen. Kaschtanka niest, zieht die Schnauze zusammen und geht beleidigt fort. Wjun niest aus Höflichkeit nicht und wedelt mit
dem Schwanz. Das Wetter ist wundervoll, die Luft still,
durchsichtig und frisch. Die Nacht ist dunkel, doch kann man
das ganze Dorf mit seinen weißen Dächern und den Rauchwölkchen sehen, die aus den Schornsteinen aufsteigen, sowie
die vom Reif versilberten Bäume und die großen Schneehaufen. Der ganze Himmel ist mit hell blinkenden Sternen über-

sät, und die Milchstraße zeichnet sich so deutlich ab, als hätte man sie vor den Feiertagen gewaschen und mit Schnee abgerieben...

Wanjka seufzte auf, tauchte die Feder ein und fuhr mit Schreiben fort: «Aber gestern wurde ich tüchtig durchgeprügelt. Der Meister schleppte mich an den Haaren auf den Hof hinaus und verwalkte mich mit dem Spannriemen deswegen, weil ich, als ich sein Kind in der Wiege schaukelte, aus Versehen eingeschlafen war. Und in der vorigen Woche ließ mich die Meisterin einen Hering reinigen, und ich fing beim Schwanz an, und sie nahm den Hering und begann, mir mit seiner Schnauze in die Fresse zu stoßen. Die Gesellen machen sich über mich lustig, schicken mich in die Schenke nach Schnaps und lassen mich bei den Wirtsleuten Gurken stehlen, und der Meister schlägt mich mit allem, was ihm in die Hände fällt. Richtiges Essen ist aber gar keines da. Morgens gibt es Brot, zum Mittag Brei und zum Abend ebenfalls Brot; Tee aber oder Kohlsuppe, die fressen die Wirtsleute allein. Und schlafen läßt man mich im Flur, und wenn ihr Kind weint, schlafe ich überhaupt nicht, sondern muß die Wiege schaukeln. Liebes Großväterchen! Sei um Gottes willen so lieb und nimm mich von hier nach Hause, ins Dorf... Hier ist's mir nicht möglich... Ich verneige mich tief vor Dir und werde ewig Gott bitten, nimm mich hier weg, sonst muß ich sterben...»

Wanjka verzog den Mund, rieb mit seiner schwarzen Faust die Augen und schluchzte auf.

«Ich werde für Dich Tabak reiben», fuhr er fort, «ich will zu Gott beten, und wenn was vorkommt, so verprügele mich mordsmäßig. Und wenn Du denkst, daß es für mich keinen Dienst gibt, so will ich um Christi willen den Verwalter bitten, die Stiefel putzen zu dürfen; oder will an Fedjkas Stelle Hirtenjunge werden. Liebes Großväterchen! Hier ist's gar nicht möglich, es ist rein zum Sterben. Ich wollte schon zu Fuß ins Dorf laufen, aber ich habe keine Stiefel und fürchte mich vor dem Frost. Aber wenn ich groß geworden bin, so will ich Dich zum Dank dafür ernähren und lasse Dir von niemandem ein Leid tun, und wenn Du stirbst, werde ich für Dein Seelenheil beten, genau wie für Mutter Pelageja.

Und Moskau ist eine große Stadt. Die Häuser sind ganz herrschaftlich, und es gibt viele Pferde, aber keine Schafe, und die Hunde sind nicht böse. Mit dem Stern ziehen die Kinder hier nicht herum, und man läßt niemanden zum Singen auf den Chor, und einmal sah ich in einem Ladenfenster Haken, die verkauft man gleich mit der Angelschnur zusammen und für jeden Fisch ganz passende, es gibt sogar einen Haken, der einen pudschweren Wels hält. Und ich habe auch Läden gesehen, wo es verschiedene Flinten, wie die des gnädigen Herrn, zu kaufen gibt, jede vielleicht hundert Rubel wert... Und in den Fleischerläden gibt es Birkhühner und Haselhühner und Hasen, aber wo man die schießt, das erzählen die Handlungsdiener nicht.

Liebes Großväterchen, und wenn es bei den Herrschaften den Weihnachtsbaum mit Naschwerk gibt, so nimm für mich eine vergoldete Nuß und verwahre sie im grünen Kästchen. Bitte darum das Fräulein Olga Ignatjewna, sage, daß sie für Wanjka ist.»

Wanjka seufzte krampfhaft auf und blickte wiederum das Fenster an... Er erinnerte sich, daß der Großvater immer in den Wald ging, um für die Herrschaften den Weihnachtsbaum zu holen, und daß er seinen Enkel dabei mitnahm. Das war eine lustige Zeit! Und der Großvater ächzte, und der Frost ächzte, und wenn er das merkte, ächzte auch Wanjka... Ehe er den Weihnachtsbaum fällte, pflegte der Großvater sein Pfeifchen auszurauchen, umständlich Tabak zu schnupfen und sich über den verfrorenen Wanjka lustig zu machen... Vom Reif ganz eingehüllt stehen die jungen Tannen unbeweglich da und warten, welche von ihnen sterben muß. Und ehe man sich's versieht, läuft pfeilgeschwind ein Hase über die Schneehaufen dahin. Großvater kann nicht umhin, loszuschreien: «Halt, halt ... halt! Ach, du kurzschwänziger Teufel!»

Die gefällte Tanne schleppte Großvater ins Herrenhaus, und dort machte man sich daran, sie zu putzen ... Am meisten bemühte sich darum Fräulein Olga Ignatjewna, die Wanjka besonders liebte. Als noch Wanjkas Mutter, Pelageja, lebte und bei den Herrschaften Stubenmädchen war, fütterte Olga Ignatjewna Wanjka mit Kandiszucker und lehrte ihn aus Langeweile lesen, schreiben, bis hundert zählen und sogar Quadrille tanzen. Als aber Pelageja starb, brachte man das Waisenkind Wanjka zum Großvater in die Leuteküche und aus der Küche nach Moskau zum Schuster Aljachin ...

«Komm her, liebes Großväterchen», fuhr Wanjka fort, «in Christi Namen flehe ich Dich an, nimm mich von hier fort. Erbarme Dich über mich unglückliches Waisenkind; denn hier schlagen mich alle, und ich möchte so gern essen, und ich habe solch eine Sehnsucht, daß es schwer zu sagen ist, ich weine immer. Und neulich schlug mir der Meister mit einem Leisten über den Kopf, so daß ich hinfiel und nur mit Mühe wieder zur Besinnung kam. Mein Leben ist unrettbar hin, schlimmer als ein Hundeleben ... Ich grüße noch Aljona, den einäugigen Jegorka und den Kutscher, aber meine Harmonika verschenke an niemanden. Ich bleibe Dein Enkel Iwan Shukow, liebes Großväterchen, komm her ...»

Wanjka faltete das beschriebene Blatt Papier vielfach zusammen und steckte es in einen Umschlag, den er am Abend vorher für eine Kopeke gekauft hatte ... Dann dachte er ein wenig nach, tauchte die Feder ein und schrieb die Adresse:

«Ins Dorf für Großväterchen.»

Darauf kratzte er sich, dachte nach und fügte hinzu: «An Konstantin Makarytsch.» Zufrieden darüber, daß man ihn im Schreiben nicht gestört hatte, setzte er seine Mütze auf und lief im Hemd, ohne seinen kleinen Pelz überzuwerfen, auf die Straße ...

Die Angestellten des Fleischerladens, die er tags zuvor

ausfragte, hatten ihm gesagt, daß man Briefe in die Postkästen stecke, und aus den Postkästen würden sie auf der
ganzen Erde in Posttroikas mit betrunkenen Fuhrleuten und
hellklingenden Glöckchen verteilt. Wanjka lief zum ersten
Postkasten hin und steckte den kostbaren Brief in den
Spalt...

Eingewiegt von süßen Hoffnungen schlief er nach einer
Stunde fest... Er sah im Traume den Ofen. Auf dem Ofen
sitzt der Großvater, läßt die bloßen Füße herunterhängen und
liest den Köchinnen den Brief vor... Am Ofen geht Wjun auf
und ab und wedelt mit dem Schwanz...

EVA-MARIA HARDEN

Besinnliche Weihnacht

Wir erwarteten die Großeltern. Zwei Jahre hatten sie die Kinder nicht gesehen.

«Wir freuen uns auf besinnliche Weihnachten im Familienkreis», schrieben sie. Besinnlich? Das Wort mußte ich doch schon mal gehört haben. Allerdings in grauer Vorzeit. «Beschaulich, nachdenklich, der Besinnung dienend», erklärte mir der Duden, den ich befragte, um mein Gedächtnis aufzufrischen.

Besinnlich betrachtete ich meine beiden Jüngsten, die sich gerade ein Scharmützel lieferten, und setzte «täglich eine Stunde Weihnachtslieder üben» auf den Stundenplan.

Sie waren begeistert. Kondition im Singen hatten sie ja bereits bewiesen. Jetzt wurden sie die reinsten Profis. Was machte es schon, daß bei uns das Christkind nicht «mit seinem Segen», sondern «mit seinem Besen» einkehrte und die «Tochter Zion» sich in einen «toten Ziehhund» verwandelte. Uli wollte zum Schluß immer noch das Lied, wo «aus den Wiesen steiget der weiße Neger wunderbar», und wir sangen es. Hauptsache besinnlich.

Danach gab es noch zehn Minuten theoretischen Unterricht. Ich erzählte wortreich, daß Opa und Oma schon alt und schwach seien und Lärm und Zank nicht mehr so gut vertrügen. Die Sänger nickten besinnlich mit den Köpfen und versprachen, ihr möglichstes zu tun. Nicht sehr überzeugt, aber hoffnungsvoll bezog ich die Gästebetten. Wir waren gerüstet.

169

Die Oma entpuppte sich als ein Wunder an Leistungsfähigkeit, was das Betrachten von Bilderbüchern und Fotoalben betraf. Bald kannten die Zwillinge die Verwandtschaft in- und auswendig.

«Das ist eure Tante Emmy, und der kleine Hund neben ihr heißt Betty. Er bellt immerzu, weil er nämlich ein Spitz ist», erklärte die Oma.

«Aber der Schwanz is ganz rund», meinte Andy.

«Mit den tut er ja auch nich bellen», belehrte ihn Uli, «guck mal, sein Mund is ganz spitz.»

Der Opa lachte hinter seiner Zeitung, und mir fiel der Abend ein, an dem unsere Freunde Brigitte und Urs ihre neueste Errungenschaft, eine rassereine französische Bulldogge, mitbrachten.

Ich hatte die Zwillinge gerade ins Bett gesteckt und holte in der Küche «aber wirklich den allerletzten Schluck» Trinkbares – da wetzte der Hund zur Tür und wie der Blitz von einem Kinderzimmer ins andere.

«Ein Schweinchen, ein Schweinchen!» schrie Andy begeistert, dann hörten wir Uli, ängstlich, doch anscheinend fasziniert: «Mami, komm mal, die Muhkuh hat soo kleine Händchen!»

«Und das hier», hörte ich die Oma wieder, «ist euer anderer Opa. Der ist im Krieg gefallen.»

«Gefallen? Meinste so?» Andy schmiß sich platt auf den Boden.

«Nein», mischte ich mich ein, «der Opa wurde im Krieg erschossen.»

Ich blickte in vier leuchtende Kinderaugen.

«Richtig erschossen?» fragte Uli begeistert, und Andy, aufgeregt: «Mami, war mein Opa Cowboy?»

Die Enttäuschung nach meinem «Nein» war groß. Ich sah förmlich, wie Andy meinen Vater, der bereits auf seiner Prominentenliste ganz oben rangiert hatte, wieder strich.

Wir taten ein übriges für die Besinnlichkeit und bestellten

Karten für das Weihnachtsmärchen im städtischen Musentempel. Es gab «Schneeweißchen und Rosenrot», und die Oma kam mit. Sie strahlte und zitterte mit den Zwillingen um die Wette. Ein voller Erfolg.

«Na», fragte der Opa später, an seiner geliebten Zigarre ziehend, «war's schön? Was habt ihr denn gesehen?»

Die Zwillinge sahen sich an.

«Rosenkohl», sagte Andy, «und...» Er zögerte. «Und Rosenkohl», ergänzte Uli. Worauf sich der Opa mächtig am Rauch verschluckte.

Was das Schmücken des Weihnachtsbaumes anging, hatten wir einen echten Tick. Ein Erbgut meiner Eltern. Mein Mann, das reinste Wunder, wenn es um Präzision geht, stieg zum Glück voll darauf ein.

Der Abend des 23. Dezember begann wie stets mit einem handfesten Ehekrach. Für mich gehörte der schon dazu wie die Weihnachtsgans am ersten Feiertag. Angeblich war ich zu dusselig, dem ächzend auf dem Bauch agierenden Meinigen anzugeben, in welche Richtung der Baum noch und noch mal gedreht werden mußte, bis das Biest endlich gerade stand und sich von seiner besten Seite präsentierte.

Krach und Schwenken nahmen bereits geraume Zeit in Anspruch. Dann mußte jedes, auch das kleinste Ästchen des Baumes, mit Lametta behängt werden. Jedes Fädchen einzeln, versteht sich. Begleitet wurde das von stimulierenden Weisen aus dem Radio und ein paar Fläschchen aus dem Keller, zur Versöhnung und als Belohnung für die Ausdauer, versteht sich ebenfalls. Als wir endlich, beide ein bißchen angeschlagen und todmüde, unser silberglänzendes Kunstwerk begutachteten, graute bereits der Morgen hinter den Fenstern.

Diesmal, wegen der Großeltern und natürlich wegen der Besinnlichkeit, war der Baum besonders schön. Mit neuen, großen blauen Kugeln. Ein Prachtstück. Zufrieden wankten wir noch für ein Stündchen ins Bett.

Der Heiligabend brach an mit superverdrehten Kindern und einer Oma im Großeinsatz bezüglich «Vorlesungen». Opa und Vater verdrückten sich indessen für ein Stündchen in die nächste Kneipe (es wurden dreieinhalb daraus), während die letzten Vorbereitungen mich kaum dazu kommen ließen, einen anständigen Fummel überzuwerfen und den Lippenstift kurz zu benutzen.

Endlich konnte es besinnlich werden. Mit Mühe und Not kamen wir beim Singen vor dem Prachtbaum bis zum besen-schwingenden Christkind, dann stürzten sich die Kinder auf die Geschenke. Nach fünf Minuten sah das Zimmer aus wie ein Kriegsschauplatz, auf dem ich ununterbrochen im Einsatz stand. Meine Aufgabe bestand gottlob nicht aus dem Einsammeln von Verwundeten und Toten, sondern von Schachteln, Papier und Bindfaden. Erschwert wurde sie dadurch, daß Thomas einen bunten Teller nach dem anderen auf dem Teppich auskippte, um nachzuzählen, ob nicht einer eine Nuß oder Marzipankartoffel mehr hatte als der andere. Im übrigen wartete er darauf, daß die Zwillinge in ihren Betten verschwanden, damit er sich über ihre Geschenke hermachen konnte.

Es war ungeheuer besinnlich. Doch die Großeltern, ob man's glaubt oder nicht, fanden es wunderbar und wirkten rundherum glücklich, abwechselnd Kinder, bereits kaputte Spielsachen oder angebissene Lebkuchen auf dem Schoß.

Clou des Abends war ein rotlackierter Metallwagen mit vier gelben, gummibereiften Rädern und einer Deichsel. «Komm, lieber Mai, und mache . . . und das bald», seufzte ich, als die Streiterei darüber, wer wen, wann wohin zu ziehen hatte, ihren Höhepunkt erreichte, und brachte die protestierenden Zwillinge ins Bett.

Am nächsten Morgen weckten mich metallige Geräusche und quietschende Räder. Das Ding muß erst mal richtig geölt werden, dachte ich und erhob mich seufzend, damit wenigstens die Großeltern ausschlafen konnten.

In ihren Zimmern fand ich die Zwillinge nicht. Ich entdeckte sie im Wohnzimmer. Meine Müdigkeit verschwand schlagartig, und ich sank entgeistert und keines Wortes mächtig auf den nächsten Stuhl.

Dicht vor dem Christbaum stand der Superwagen, befrachtet mit meinen Superkindern. Andy wuchtete gerade seinen Bruder in die Höhe, damit er den obersten Kranz der neuen blauen Kugeln erreichen konnte. Sämtliche anderen waren verschwunden. Dafür glitzerte der Teppich rund um den Baum wie Schnee in der Wintersonne.

Gerade hatte Uli eine der restlichen Kugeln erwischt. «Platsch!» rief er begeistert und zerdrückte sie wie eine Seifenblase.

«Nu ich wieder», bestimmte Andy und ließ Uli vorsichtig herunter.

Meine Erstarrung löste sich.

«Halt!» Ich schrie so laut, daß beide vor Schreck fast aus dem Wagen purzelten und Thomas und der Vater, sonst an Sonntagen höchstens durch ein Fußball-Länderspiel vor elf aus dem Bett zu bringen, angestürzt kamen.

Wir betrachteten, uns gegenseitig stützend, die Bescherung. Unser Baum hätte vielleicht (aber nur vielleicht!) noch bei einer Schönheitskonkurrenz für Vogelscheuchen den dritten Preis geholt. Mehr nicht. Ich verspürte große Lust, den Zwillingen, die wie der Blitz in ihren Zimmern unter den Betten verschwunden waren, die letzten zwei einsamen Kugeln hinterherzuschmettern. Das Lametta hing herum, als sei ein Tornado hindurchgefegt.

Ich hätte losheulen können, aber mein Mann ließ es nicht dazu kommen.

«Wir müssen noch vor Silvester ein Inserat aufgeben», sagte er nachdenklich. «Weihnachtsbaum billig abzugeben. Nur einmal dran gesungen.»

Achtzehn Kugeln hatten die Zwillinge den Garaus gemacht, aber wir fanden nicht einen Kratzer an ihren Händen.

Als am Abend dank Thomas' neuem Fußball auch noch die Scheibe der Balkontür in die Brüche ging, hielt uns nur der Gedanke an das ungeheure Glück, das nun wohl über uns hereinbrechen würde, noch aufrecht.

Schafft euch Kinder an – ihr feiert besinnliche Weihnacht!

Großväter
sind
klug, weise
und gütig

Das Opa-Leben

Auf dieser Erde gibt es so etwas wie einen Opa-Biozyklus oder
– verständlicher ausgedrückt – ein in sich geschlossenes Da-
sein als Opa, das wie jegliches Leben aus Geburt, Kindheit,
Jugend, Erwachsensein und einer Art Auslaufen besteht.
Derjenige, der Opa wird, durchwandert dabei nochmals alle
Stadien eines Lebens bis hin zum guten oder auch schlechten
Schluß dieser seiner neuen und zumeist auch letzten Rolle.

Ja, es ist ein wahres Theaterdasein, dieses Opa-Leben, dessen Rolle sowohl diejenige eines Direktors oder Regisseurs als
auch die eines späten Liebhabers oder läppischen Komödian-
ten sein kann. Worauf sie letztlich hinausläuft, bestimmt
aber der Neugeborene, Spätpubertierende, Neuberufler oder
Späterwählte gar nicht alleine. Darüber verfügen viel eher *die*
Lebewesen, die ihn erst zum Opa machen und ihn als Thea-
terdirektor, Schauspieler oder Statisten akzeptieren oder auch
nicht: die lieben Enkel.

Denkt ein solcher als Opa aus der Taufe Gehobene an seine
eigene Jugend zurück, so wird ihm bewußt, daß er sich ja auch
einmal in der hoffnungsvollen oder -losen Situation eines
Enkels befand, sofern er das Glück gehabt hatte, seine Großeltern selbst noch gekannt und erlebt zu haben.

Von meinen vier Großeltern erinnere ich mich lediglich an
den Vater meiner Mutter. In meinem Arbeitszimmer hängt
ein Schwarzweißfoto, in dessen Mitte mein Großvater Gerhard – ein zur damaligen Zeit äußerst seltener Vorname –

thront, der meinen Bruder auf seinem rechten Oberschenkel reiten läßt. Zu seiner Linken sitze ich auf einem Tischchen, so daß sich sein und mein Kopf auf gleicher Höhe befinden und ich meinen rechten Arm auf der linken Schulter von Opa Gerhard ruhen habe. Als Linkshänder wäre ich freilich lieber auf der Seite meines Bruders gesessen! Was mich aber auf diesem Bild so fasziniert, ist nicht etwa die vom Fotografen getroffene Sitzordnung des beschriebenen Trios, sondern das tiefernste, beinahe strenge Gesicht meines gutaussehenden Großvaters, der eine fast modern anmutende Krawatte zum Stehkragen und eine imposante Uhrkette an seiner Weste trägt. Herrlich auf dem Foto aber auch die Gesichter meines jüngeren Bruders und von mir selbst: Mein Bruder schaut, ohne ihm nahetreten zu wollen, leicht blöde in die Landschaft, das heißt zum Fotografen hin, während ich selbst, Großvaters erster Enkelsohn, eher ängstlich und ein bißchen starr in die Linse glotze. Dennoch dürfte Opa Gerhard mit seinen beiden Enkeln alles in allem zufrieden und sogar ein bißchen stolz auf sie gewesen sein; das wenigstens scheint das Bild auszudrücken.

Während seiner letzten Jahre wohnte Opa Gerhard mit uns auf recht engem Raum zusammen, eine Gemeinschaft, die vor allem deshalb nicht immer leicht war, weil er nichts hörte, buchstäblich stocktaub war und wir mit seinem für Taube typischen Mißtrauen fertig werden mußten. Zur gegenseitigen Verständigung hatte sich die Familie eine Mimik und Gestik zugelegt. Und wirklich verstand Opa uns auch ausgezeichnet, freilich mit Ausnahme meines Vaters, der sich wegen eines schwerhörigen Schwiegervaters nicht aus seiner angestammten Bequemlichkeit herausholen ließ.

Eine kleine für mich bedeutungsvolle Geschichte mit Opa Gerhard soll den Exkurs in die Kindheit beschließen: An einem strahlenden Sommernachmittag machten mein Opa, mein Vater, mein Bruder und ich einen Spaziergang im «fürstlichen» Park meiner Heimatstadt und kamen auch am dort gelegenen Schwimmbad vorbei. Miteinander blickten wir zu den zahlreichen Badegästen hinüber, mein Bruder auf Vaters Arm, ich stehend zwischen Opa und Vater. Vor uns floß ein kanalartiger Bach mit ziemlich starker Strömung ins Schwimmbad hinein. Plötzlich war ich weg, in den Kanal gerutscht und im ziemlich trüben Wasser verschwunden! Vater muß meinen Wassersturz gehört haben, schmiß buchstäblich meinen Bruder auf den Boden, und Opa, der ja nichts gehört haben konnte, entdeckte wie durch ein Wunder die bewußtlos an die Oberfläche auftauchende «Kindsleiche», die sich bei näherem Hinsehen als sein Enkelkind herausstellte. Runter auf den Boden, zugepackt, die Hose erwischt und den Kerl herausgefischt war eines. In diesem Augenblick muß ich wie ein Neugeborener gebrüllt haben, so sehr wirkte sich die Lösung des Schocks auf meine Gefühlslage aus. Und alles, was ich seit damals im jungen Alter von nicht einmal vier Jahren bis zum heutigen Tag, da ich selbst Opa bin, erleben und erfahren durfte, habe ich auf diese ungewöhnliche Weise meinen großväterlichen und natürlich auch väterlichen Ohren, Augen und Armen zu verdanken. Es leuchtet doch sicher ein, daß ich Opa Gerhard stets als leuchtendes Beispiel in meiner Erinnerung habe, auch wenn wir, mein Bruder und ich, uns bei seiner Beerdigung acht Jahre später wie Lausbuben benahmen und angesichts der Trauergemeinde auf dem ganzen Weg zum Friedhof nur grinsten.

Jeder, der einen oder sogar zwei Opas besessen hat oder noch besitzt, wird ihn oder sie eines schönen Tages um Verzeihung bitten müssen, weil er die Ehrfurcht vor dem Alter noch nicht zu entfalten wußte und das Alter meist von der komischen Seite her betrachtete. Aber selbst Opa geworden, erinnert man sich so manches Mal an seinen Großvater, an den guten oder bösen oder strengen oder lustigen, und nimmt sein eigenes Opa-Verhalten aus genetischer Sicht vergleichsweise unter die Lupe. Und sehr oft zeigen sich da dann recht verblüffende Parallelen!

Als Opa wurde ich im hohen Alter von 63 Jahren geboren. Ein schrumpfliges Wesen mit auffallend dunklem Teint, das seine Eltern später auf den fürstlich klingenden Namen Stephanie taufen ließen, brachte mich auf die Welt. An dieser Stelle scheint es mir wichtig zu betonen, daß ich als relativ alter Opa geboren wurde und nicht mit Opas von 45 oder 50 vergleichbar bin, die noch mitten im Arbeitsprozeß stehen, deshalb keine Sentimentalitäten aufkommen lassen und zuerst an ihre Karriere denken. Mit 63 ist mancher Mann doch schon auf ein geruhsames Ausklingen hin orientiert und freut sich auf das zweite oder sogar dritte Leben. Und genau in diesem Moment wurde ich also Opa, ein Zustand, der mir schlagartig klarmachte, wo «Bartel», sprich Opa, von jetzt an den Most zu holen hatte. Bei Stephanie nämlich und nirgendwo anders! Aber wie?

Ich bin keiner jener Kuschelopas, in die ein kleines Lebewesen am liebsten hineinkriechen würde. Ich bin einer von den sogenannten Märchenopas, die gerne einmal flunkern und ebensogerne Geschichten erzählen. Das aber bedeutete, daß ich mit Stephanie erst von *dem* Augenblick an etwas «Rechtes» anzufangen wußte, als sie sprechen, vor allem aber als sie meine phantasievollen Erzählungen in sich aufnehmen konnte.

Da sie natürlich zu den intelligenten Kleinkindern – Tochter meines Sohnes! – gehörte, begann das muntere Spiel zwischen ihr und mir schon in ihrem zweiten, bei mir aber erst im 65. Lebensjahr. Doch was bedeuteten Jahre für ein zweijähriges quicklebendiges Geschöpf, wenn es auf Opas Schoß saß und Märchen erzählt bekam? Und Oma, Ömi genannt, war ja auch noch da, und bei ihr fand Stephanie den mütterlichen Ausgleich zu Opa, den man nach Bedarf sitzenlassen konnte, sobald er seine Märchenstunde zu Ende gebracht hatte.

Diese Märchenstunden weiteten sich langsam zu einer «Ehe auf Zeit» aus! Es gab nämlich für Stephanie, die sich inzwischen zu einem hübschen Wirbelwind entwickelt hatte, nichts Erstrebenswerteres, als mit Opa Mann und Frau zu spielen. Bei diesem «Welttheater» mußte ich meine ganze Intelligenz einsetzen, um nicht unter die Räder zu kommen. Nur wenn ich «meiner Frau» ganz gezielte Aufträge für Einkaufen, Kochen oder Versorgung der unermeßlich großen Kinderzahl – unter zehn ging nichts! – erteilte, konnte ich mir zuweilen ein paar kurze Ruhepausen gönnen.

Das Schönste an diesem Mann- und Frauspielen mit Opa aber war die Tatsache, daß Stephanie dazu nicht die geringsten Hilfsmittel benötigte: kein Besteck, keine Waren, keine sonstigen Puppenküchenutensilien, nein, höchstens ein paar «verbrauchte» Puppen, denen wir in beiderseitigem Einvernehmen mehr oder weniger schöne Namen gegeben hatten, um sie auseinanderhalten zu können. So trat Stephanie wirklich würdig in die Phantasie-Fußstapfen ihres Opas und hätte die munteren Spiele gerne für drei, vier, ja fünf Stunden ausgedehnt, wenn Opa nicht nach spätestens zwei Stunden einen Erschöpfungszustand erlitten hätte. Just von diesem Augenblick an verwandelte sich aber die «liebe Frau Stephanie», seine Enkeltochter, in eine rasende Teufelin und hatte nur noch Dumm- und Lautheiten in ihrem hübschen und zarten Köpfchen, und ihre Absicht bestand jetzt ausschließlich darin, Opa und Ömi auf die Nerven zu gehen.

Wen wundert's, daß dann in mir mein eigener Großvater schlagartig lebendig wurde: Ich nahm ernste und strenge Züge an, funkelte seinerzeit wie Opa Gerhard mit meinen Augen die Übeltäterin an, wollte dadurch dem schändlichen Treiben Einhalt gebieten, hatte aber beim besten Willen keinen Erfolg und griff – zu meiner Schande sei's gestanden – manchmal zur jämmerlichen Waffe einer Ohrfeige oder einer Tracht Prügel. Und das bei einem süßen Enkelkind von ein paar Jahren! Von Souveränität also keine Rede, sondern ein typisch pubertierender Opa, der auf seine Reifeprüfung noch sehr mühsam zuschritt.

Doch dann bekam ich die Chance, zweieinhalb Jahre nach Stephanies Erscheinen als Opa noch ein zweites Mal geboren zu werden: Meine Schwiegertochter konfrontierte mich, ohne daß ich daran hätte etwas ändern können, unversehens (stimmt überhaupt nicht!) mit meinem zweiten Enkelkind Florian, einem blonden, hellhäutigen und vor allem braven Säugling. Und späteren Kleinkind. Endlich hatte Stephanie für mich, ihren Mann, und sich, meine Frau, statt Puppen einen leibhaftigen Nachkommen in der Person von Florian zur Verfügung. Angesichts dieses «umwälzenden Sohnes» waren alle anderen Phantasiekinder unwichtig geworden. Allerdings nur so lange, wie Florian brav im Körbchen schlummerte, seinen Mittagsschlaf getreulich einhielt und uns beiden nicht ins Spiel pfuschte.

Mit einem Schlag war der Traum aber dann aus, als «Sohn» Florian im zweiten Lebensjahr bereits urwüchsige männliche Kraft entwickelte und seine «Schwestermama» Stephanie inklusive «Opa-Papa» nach allen Regeln der Kunst am laufenden Band austrickste. Vorbei der aufregende Einkaufsbummel, vorbei der gemütliche, mit vielen Genüssen versehene Mittagstisch unserer Märchenfamilie, vorbei der heitere Ausflug zu Freunden und Verwandten in der näheren Nachbarschaft!

Florian «emanzipierte» sich schon ab zwei Jahren in einer so cleveren Art und Weise, daß mir der Traum vom schönen, harmonischen Leben ebenso rasch verging wie Stephanie! Endlich, so Florian, kam Leben in die bisher so langweilige Bude, befand sich männliche Intelligenz stetig auf dem Vormarsch, das dämliche Getue im Rückzug, und Opa dort, wohin er schon immer gehört hatte: am Fernsehkasten, wo er sich Tennis und ähnlichen Quatsch zu Gemüte führte. Florian war es auch, der mir eines schönen Tages, unter dem Gekicher seiner Schwester, auf den Bauch klopfte und süffisant feststellte, ich sei doch ein wenig zu dick geworden! Desgleichen scheute er sich auch nicht, mir klarzumachen, daß er mich als glatten Hundertjährigen betrachte, und damit den eindeutigen Versuch unternahm, mich vor aller Welt zu diskriminieren. Bei Ömi wäre ihm das beinahe gelungen, bei Stephanie jedoch nur sehr bedingt. Eine derart burschikose Behandlung ihres «Opa-Mannes» wollte sie im Grunde ihres mütterlichen Herzens nun doch nicht akzeptieren.

So geriet ich Opa ganz allmählich zwischen die «wonnigen Mühlsteine» zweier Enkelkinder, erreichte schrittweise den höchsten Reifegrad meines Opa-Lebens, schoß mich auf die bei *beiden* Enkelkindern beliebten Geschichten von «Fritzle und Fratzle» ein, die meine eigenen Nachkommen schon mit Wonne genossen hatten. Und ich werde – man höre und staune – von Jahr zu Jahr meinem Opa Gerhard, inklusive der Schwerhörigkeit, immer ähnlicher.

Doch die letzte Periode des Opa-Lebens steht mir noch bevor: das Auslaufen, wie ich es zu Beginn benannte. Ob die süßen und sauren Enkel dann 10, 15 oder gar 20 Jahre alt sein werden, steht noch in den Opa-Sternen. Wie dem auch sei, ein Opa-Leben hat seine besonderen Reize und seinen eigenen Rhythmus. – In jedem Falle aber sage ich: Die Opas sollen leben; denn sie wollen hoch hinaus!

Die Kraft der Güte

In meiner Jugend habe ich Unterhaltungen von Erwachsenen mit angehört, aus denen mir eine das Herz beklemmende Wehmut entgegenwehte. Sie schauten auf den Idealismus und die Begeisterungsfähigkeit ihrer Jugend als auf etwas Kostbares zurück, das man sich hätte festhalten sollen. Zugleich aber betrachteten sie es als eine Art Naturgesetz, daß man das nicht könne. Da bekam ich Angst, auch einmal so wehmütig auf mich selber zurückschauen zu müssen. Ich beschloß, mich diesem tragischen Vernünftigwerden nicht zu unterwerfen. Was ich mir in fast knabenhaftem Trotze gelobte, habe ich durchzuführen versucht.

Zu gern gefallen sich die Erwachsenen in dem traurigen Amt, die Jugend darauf vorzubereiten, daß sie einmal das meiste von dem, was ihr jetzt das Herz und den Sinn erhebt, als Illusion ansehen wird. Die tiefere Lebenserfahrung aber redet anders zu der Unerfahrenheit. Sie beschwört die Jugend, die Gedanken, die sie begeistern, durch das ganze Leben hindurch festzuhalten. Im Jugendidealismus erschaut der Mensch die Wahrheit. In ihm besitzt er einen Reichtum, den er gegen nichts eintauschen soll.

Wir alle müssen darauf vorbereitet sein, daß das Leben uns den Glauben an das Gute und Wahre und die Begeisterung dafür nehmen will. Aber wir brauchen sie ihm nicht preiszugeben. Daß die Ideale, wenn sie sich mit der Wirklichkeit auseinandersetzen, gewöhnlich von den Tatsachen erdrückt werden, bedeutet nicht, daß sie von vornherein vor den Tatsachen zu kapitulieren haben, sondern nur, daß unsere Ideale nicht stark genug sind. Nicht stark genug sind sie, weil sie nicht rein und stark und stetig genug in uns sind.

Die Macht des Ideals ist unberechenbar. Einem Wassertropfen sieht man keine Macht an. Wenn er aber in den Felsspalt gelangt und dort Eis wird, sprengt er den Fels; als Dampf treibt er den Kolben der mächtigen Maschine. Es ist dann etwas mit ihm vorgegangen, das die Macht, die in ihm ist, wirksam werden ließ ...

Als einer, der versucht, in seinem Denken und Empfinden jugendlich zu bleiben, habe ich mit den Tatsachen und der Erfahrung um den Glauben an das Gute und Wahre gerungen. In dieser Zeit, wo Gewalttätigkeit in Lüge gekleidet so unheimlich wie noch nie auf dem Throne der Welt sitzt, bleibe ich dennoch überzeugt, daß Wahrheit, Liebe, Friedfertigkeit, Sanftmut und Gütigkeit über aller Gewalt sind. Ihnen wird die Welt gehören, wenn nur genug Menschen die Gedanken der Liebe, der Wahrheit, der Friedfertigkeit und der Sanftmut rein und stark und stetig genug denken und leben.

Alle gewöhnliche Gewalt beschränkt sich selber. Denn sie erzeugt Gegengewalt, die ihr früher oder später ebenbürtig oder überlegen wird. Die Gütigkeit aber wirkt einfach und stetig. Sie erzeugt keine Spannungen, die sie beeinträchtigen. Bestehende Spannungen entspannt sie, sie verstärkt sich selber, indem sie Gütigkeit hervorruft. Damit ist sie die zweckmäßigste und intensivste Kraft.

Was ein Mensch an Gütigkeit in die Welt hinausgibt, arbeitet an den Herzen und an dem Denken der Menschen. Unsere törichte Versäumnis ist, daß wir mit der Gütigkeit nicht ernst zu machen wagen. Wir wollen die große Last wälzen, ohne uns des die Kraft verhundertfachenden Hebels zu bedienen. Eine unermeßlich tiefe Wahrheit liegt in dem phantastischen Worte Jesu: «Selig sind die Sanftmütigen, denn sie werden das Erdreich besitzen.»

Lob der kleinen Zärtlichkeiten

Ebenso froh wie die schwärmerische Verliebtheit junger Menschen gewahre ich die liebevolle Zuwendung alternder Paare. Sie ist nicht häufig zu beobachten. Zum einen kommt das daher, daß viele miteinander alt gewordene Ehepaare einfach resigniert haben, in gemeinsamer Einsamkeit befangen. Zum anderen scheuen sich alte Menschen, ihre Zärtlichkeit vor anderen zu zeigen. Wenn es dann einmal verstohlen oder ganz spontan geschieht, flieht die zärtliche Geste, unsicher geworden wie ein aufgeschreckter Vogel, der zum nächsten Ast flattert und dort wartet, ob die Gefahr der Entdeckung vorübergegangen ist.

Ältere Menschen, die sich liebhaben, besitzen jene Erfahrung im vorsichtigen Umgang miteinander, den sich die jüngeren ersehnen. Wer die Tiefen gemeinsam bewältigten Leids miteinander durchmessen hat, der darf auch empfinden, wie wohltuend es ist, die Distanz zu überbrücken und Nähe in der gewünschten Form Gestalt werden zu lassen.

Mit dem Zeigefinger voller Leichtigkeit etwa ihre Locke aus der Stirne zu streichen. Die Art, eine Tür öffnen zu können, als käme Nofretete ins eigene Haus. Das sind die kleinen Dinge, die Aufmerksamkeit wecken.

Mein Großvater konnte den vermeintlichen Wichtigkeiten des Alltags ihre Bedeutung nehmen durch die Art, wie er unter dem Birnbaum neben seiner Frau saß und ihr die Zeitung vorlas, weil sie des Lesens nicht mehr ganz mächtig war.

Er tat dies mit einer leisen, fast feierlichen Stimme. Er las ihr die seinerzeitigen politischen Merkwürdigkeiten vor, als wären es Geistergeschichten oder phantastische Luftblasen, die er zerspringen ließ, indem er sie ironisch aufblähte. Meine Großmutter lächelte, als würde sie vom gehörten Text gestreichelt.

«Sag nichts», meinte dann mein Großvater, «es ist alles gesagt!»

Und er legte seinen Arm um ihre Schultern, als könne er die Last ein wenig lindern, die ihren Rücken krumm gemacht hatte.

Es gibt so etwas wie die Zärtlichkeit der Abschiede auf dem unwirtlichen Gelände dunkelbauchiger Bahnhofshallen, so etwas wie ein Reden, das über die Gegenstände hinwegholpert, ein ungelenkes Warten und Erwarten, angefüllt mit der Zufälligkeit von Tauben, die aufgescheucht wegfliegen!

Ein flüchtiger Kuß, mehr eine Ode an die Durchsichtigkeit der Haut als eine kaum merkliche Berührung. Vielleicht kann ich den Geruch erinnern, den ich für eine Sekunde behalte. Im Zug danach, hinter dem Fenster. Es gibt so etwas wie ein leichtes Winken, das nur mir gehört. Ich kann spüren, wie es sich in der Ferne verliert, wie ich es mitnehme, als wäre es meine eigene Hand, die immer noch winkt, aber es ist die ihre. In diesem Fall sind die Unterschiede gering. Es ist plötzlich nichts mehr da als die Vorstellung ihres Parfums, das sich auf eine angenehme Weise verflüchtigt.

Zur Zärtlichkeit gehört nicht nur Vertrautheit und Verborgenheit, Zärtlichkeit braucht Phantasie. Ich schenke dir einen kobaltfarbenen Ring, den ich nicht kaufe. Ich möchte ihn dir eigenhändig fertigen. Ich pflücke einen biegsamen, dünnen Grashalm, flechte den kleinen Käfer, den ich schon lange im Auge habe, sorgfältig als Edelstein in die Mitte und ziehe dir den Ring über den Finger. Deine Hand ist schmal und wiegt nicht schwer. Der «Stein» macht sich selbständig und möchte davonfliegen. Ich vermag das Kribbeln auf deinem Handrükken zu spüren. Jetzt fliegt er. Der bläulichschwarze kleine Käfer macht Hochzeit irgendwo im Tal. Ich weiß es nicht, du weißt es nicht. Aber es ist nicht ganz gleichgültig!

Die Apfelblüte hat ihren höchsten Stand erreicht. «Bleib stehen!» rufe ich ihr zu, und ich klettere in die Krone des alten Baumes, greife mir die wichtigsten Äste und schüttle, was an Kräften in mir ist, aus den Zweigen. Die weißen Blütenblätter regnen nach unten, schräg gegen das Rapsfeld. Sie ist überschüttet und weißbetupft, und es tut gut, meint sie. Ich will ihr die Blüten einzeln aus dem Haar lesen, es ist ihr Haar, und sie läßt es. Morgen wird Regen kommen und Wind, dann ist der Baum leergefegt. Im späten Sommer werden Äpfel reifen. Die Frucht ist kein Ersatz für die Blüte, für ihre Leichtigkeit, für ihre Anmut, für den Zustand der Schwebe.

Als Halbwüchsiger habe ich eine Vorliebe für Hermann Hesse empfunden. Ich verschlang den «Steppenwolf», «Narziß und Goldmund» oder den «Demian», weil mir die sinnliche Fülle und die plastische Sprache behagten. Mit dem «Glasperlenspiel» konnte ich seinerzeit wenig anfangen. Eine einzige Stelle beeindruckte mich jedoch durch ein beinahe magisches Bild. Der Musikmeister Knecht, der streng und asketisch wie ein Mönch lebte, saß zur Stunde des Mittags auf einer Bank und folgte einem Schmetterling mit den Augen, der ihn gaukelnd umflog. Da bog der Musikmeister Daumen und Zeigefinger seiner Hand dem Falter entgegen, und das Ungewöhnliche geschah. Der Schmetterling ließ sich vorsichtig herab und setzte sich auf die dargebotene Hand.

Für mich war dies ein geheimnisvolles Geschenk, das Ritual einer Beschwörung, die ich unbedingt nachzuempfinden, nachzuahmen suchte.

Ich setzte mich am nachfolgenden Tag mitten ins Steinbachtal, wo in den heißen Sommermonaten des Ferienmonats

August Schmetterlinge aller Art gegen das Blau des Himmels anflogen und aus der dunklen Wand der Waldbäume in flirrendem Mäandertaumel herausbrachen. Ich setzte mich mitten in die Wiese und spürte den leichten Wind an der Schläfe. Schachbrettfalter, Tagpfauenauge, Schwalbenschwanz und Scharen von Bläulingen zogen an mir vorbei. Immer wieder versuchte ich mit den Fingerkuppen die Gaukler zu locken, streckte vorsichtig mit spärlicher Bewegung und jener heimlichen Sehnsucht, die mich leitete, Daumen und Zeigefinger den Schmetterlingen entgegen.

Ich sehe mich noch heute sitzen, nahe am Bach, der vorübermurmelte, ein wenig traurig, fast betrogen um eine mögliche Erfahrung. Es setzte sich nicht ein einziger Falter auf meine Hand. Aber um mich herum, da tanzte es und hüpfte es mit Leichtigkeit. Einer von diesen irrwischhaften Träumern streifte meine Wange, als ich mich ruckartig zur Seite bewegte. Es war eine helle zerbrechliche Berührung. Die Erinnerung macht sie vielleicht noch feiner und dünner, als sie es damals war. Diese Berührung empfinde ich noch heute sehr zärtlich, wie so viele Dinge aus der Kindheit, die unwiederbringlich sind.

KURT TUCHOLSKY

Die fünfte Jahreszeit

Die schönste Zeit im Jahr, im Leben, im Jahr? Lassen Sie mich
nachfühlen.

Frühling? Dieser lange, etwas bleichsüchtige Lümmel, mit
einem Papierblütenkranz auf dem Kopf, da stakt er über die
begrünten Hügel, einen gelben Stecken hat er in der Hand,
präraffaelitisch und wie aus der Fürsorge entlaufen; alles ist
hellblau und laut, die Spatzen fiepen und sielen sich in blauen
Lachen, die Knospen knospen mit einem kleinen Knall, grüne
Blättchen stecken fürwitzig ihr Köpfchen . . . ä, pfui Deibel!
. . . die Erde sieht aus wie unrasiert, der Regen regnet jegli-
chen Tag und tut sich noch was darauf zugute: ich bin so nötig
für das Wachstum, regnet er. Der Frühling –?

Sommer? Wie eine trächtige Kuh liegt das Land, die Felder
haben zu tun, die Engerlinge auch, die Stare auch; die Vogelscheuchen scheuchen, daß die ältesten Vögel nicht aus dem
Lachen herauskommen, die Ochsen schwitzen, die Dampf-
pflüge machen Muh, eine ungeheure Tätigkeit hat rings sich
aufgetan; nachts, wenn die Nebel steigen, wirtschaftet es
noch im Bauch der Erde, das ganze Land dampft vor Arbeit, es
wächst, begattet sich, jungt, Säfte steigen auf und ab, die
Stuten brüllen, Kühe sitzen auf ihren Eiern, die Enten bringen lebendige Junge zur Welt: kleine piepsende Wolleballen,
der Hahn – der Hahn, das Aas, ist so recht das Symbol des
Sommers! Er preist seinen Tritt an, das göttliche Elixier, es ist
das Zeichen der Fruchtbarkeit, hast du das gesehen? und

macht demgemäß einen mordsmäßigen Krach... der Sommer –?

Herbst? Mürrisch zieht sich die Haut der Erde zusammen, dünne Schleier legt sich die Fröstelnde über, Regenschauer fegt über die Felder und peitscht die entfleischten Baumstümpfe, die ihre hölzernen Schwurfinger zum Offenbarungseid in die Luft stecken: Hier ist nichts mehr zu holen... So sieht es aus... Nichts zu holen... und der Wind verklagt die Erde, und klagend heult er um die Ecken, in enge Nasengänge wühlt er sich ein. Huuh macht er in den Stirnhöhlen, denn der Wind bekommt Prozente von den Nasendoktoren... hochauf spritzt brauner Straßenmodder... die Sonne ist zur Kur in Abazzia... der Herbst –?

Und Winter? Es wird eine Art Schnee geliefert, der sich, wenn er die Erde nur von weitem sieht, sofort in Schmutz auflöst; wenn es kalt ist, ist es nicht richtig kalt, sondern naßkalt, also naß... Tritt man auf Eis, macht das Eis Knack und bekommt rissige Sprünge, so eine Qualität ist das! Manchmal ist Glatteis, dann sitzt der liebe Gott, der gute, alte Mann, in den Wattewolken und freut sich, daß die Leute der Länge lang hinschlagen... also, wenn sie denn werden kindisch... kalt ist der Ostwind, kalt die Sonnenstrahlen, am kältesten die Zentralheizung – der Winter –?

«Kurz und knapp, Herr Hauser! Hier sind unsere vier Jahreszeiten.

Bitte: Welche –?»

Keine. Die fünfte.

«Es gibt keine fünfte.»

Es gibt eine fünfte. – Hör zu: Wenn der Sommer vorbei ist und die Ernte in die Scheuern gebracht ist, wenn sich die Natur niederlegt, wie ein ganz altes Pferd, das sich im Stall hinlegt, so müde ist es – wenn der späte Nachsommer im Verklingen ist und der frühe Herbst noch nicht angefangen hat –: dann ist die fünfte Jahreszeit.

Nun ruht es. Die Natur hält den Atem an; an andern Tagen

atmet sie unmerklich aus leise wogender Brust. Nun ist alles vorüber: geboren ist, gereift ist, gewachsen ist, gelaicht ist, geerntet ist – nun ist es vorüber. Nun sind da noch die Blätter und die Gräser und die Sträucher, aber im Augenblick dient das zu gar nichts; wenn überhaupt in der Natur ein Zweck verborgen ist: im Augenblick steht das Räderwerk still. Es ruht.

Mücken spielen im schwarz-goldenen Licht, im Licht sind wirklich schwarze Töne, tiefes Altgold liegt unter den Buchen, Pflaumenblau auf den Höhen... kein Blatt bewegt sich, es ist ganz still. Blank sind die Farben, der See liegt wie gemalt, es ist ganz still. Boot, das flußab gleitet. Aufgespartes wird dahingegeben – es ruht.

So vier, so acht Tage –

Und dann geht etwas vor.

Eines Morgens riechst du den Herbst. Es ist noch nicht kalt; es ist nicht windig; es hat sich eigentlich gar nichts geändert – und doch alles. Es geht wie ein Knack durch die Luft – es ist etwas geschehen; so lange hat sich der Kubus noch gehalten, er hat geschwankt..., na... na..., und nun ist er auf die andere Seite gefallen. Noch ist alles wie gestern, die Blätter, die Bäume, die Sträucher... aber nun ist alles anders. Das Licht ist hell, Spinnenfäden schwimmen durch die Luft, alles hat sich einen Ruck gegeben, dahin der Zauber, der Bann ist gebrochen – nun geht es in einen klaren Herbst. Wie viele hast du? Dies ist einer davon. Das Wunder hat vielleicht vier Tage gedauert oder fünf, und du hast gewünscht, es sollte nie, nie aufhören. Es ist die Zeit, in der ältere Herren sehr sentimental werden – es ist nicht der Johannistrieb, es ist etwas anderes...

Es ist die fünfte und schönste Jahreszeit.

LUISE RINSER

Vom Umgang
mit jungen Menschen

Es gibt ein Buch, das als «der Knigge» bekannt ist und das viele Leute, die es nicht gelesen haben und nur vom Hörensagen kennen, für eine Sammlung von Anstandsregeln halten, etwa der Art, wer wen wem zuerst vorstellen muß. Tatsächlich aber ist das Buch ein Lehrbuch nicht einfach «guter Sitten», sondern der Sittlichkeit, und es zielt darum nicht so sehr auf äußeres Wohlverhalten als auf die richtige innere Einstellung den Menschen gegenüber. So gibt Freiherr von Knigge, das ist der Verfasser, auch keine besonderen Verhaltensvorschriften für den Umgang mit jungen Menschen, sondern versucht vielmehr, im älteren Menschen das Verständnis für den jungen zu wecken.

«Selten nehmen ältere Leute so billige Rücksicht, daß sie sich in Gedanken an die Stelle jüngerer Personen setzen, die Freuden derselben nicht stören, sondern vielmehr zu befördern und durch Teilnahme lebhafter zu machen. Sie denken nicht an ihre eigenen Jugendjahre zurück. Greise verlangen von Jünglingen dieselbe ruhige, nüchterne, kaltblütige Überlegung, Abwägung des Nützlichen und Nötigen, dieselbe Gesetztheit, die ihnen Jahre, Erfahrung und physische Herabspannung gegeben haben.»

So schrieb Freiherr von Knigge 1788. So könnte er heute schreiben. So könnte er vermutlich in jedem Jahrhundert schreiben. Die Situation bleibt sich gleich: Die Generationen verstehen sich nicht. Und warum nicht? Weil jede Generation sich von der vorhergehenden unterscheidet und sich bewußt unterscheiden will, ja es als Aufgabe von der Geschichte der Menschheitsentwicklung her gestellt bekam, sich zu unterscheiden.

Daß es dem auf Neues erpichten und darum notwendig gegen das Alte rebellierenden jungen Menschen sehr schwerfällt, ältere zu verstehen, leuchtet ein. Es muß aber dem Älteren gelingen, den Jüngeren zu verstehen.

Vor einigen Jahren, als die Erscheinung der Gammler noch neu war, stand eine Gruppe deutscher Reisender an der Spanischen Treppe in Rom. Auf den Stufen lagerten junge Leute. Sie taten nichts Böses, sie redeten und rauchten Pfeife. Aber sie trugen uralte ausgefranste Blue-Jeans, zerschlissene und nicht mehr saubere Pullis, hatten überlange Haare, waren barfuß, hatten in Leinenbeuteln ihr Hab und Gut und demonstrierten wortlos, aber deutlich, daß sie auf die Zivilisation pfiffen und auf alle, die sie machten, schätzten und nützten.

Die Reisegruppe begann alsbald über sie herzufallen. Es sei eine Schande, so herumzulungern; natürlich seien das alles Arbeitsscheue, Asoziale, Sexverseuchte, vermutlich auch Kriminelle. Jemand sagte hämisch: «Wenn die zehn Jahre älter sind, hocken sie nicht mehr hier herum, sondern in Büros wie wir auch; die bleiben nicht ewig jung.» Und irgendwer sprach natürlich das Wort von «unserer Zeit, in der das nicht möglich gewesen wäre». Nicht eine einzige wohlwollende Stimme erhob sich; niemand versuchte auch nur zu sagen, das Verhalten dieser jungen Leute müsse doch wohl seinen Grund haben und der könne sehr wohl in einem Defekt der Welt der Erwachsenen liegen.

Warum eigentlich weigern sich die Älteren, Jüngere zu verstehen? Die Gründe sind verschieden und bilden meist ein wirres Knäuel von Motiven.

Da ist einmal das Motiv des Neides, eingestanden oder

nicht. Man neidet der Jugend ihre Jugend, das heißt ihre körperliche Kraft und Schönheit, ihre Gesundheit und sexuelle Potenz, ihren Appetit aufs Leben und auf die Liebe und vor allem die Zeit, diese fast unabsehbare Fülle von Jahren zwischen dem Augenblick und dem Tod. Jugend ist: Neugier und Hoffnung. Jugend ist alles, was man nicht mehr besitzt. Um den Mangel ertragen zu können, wertet man ab, was andere besitzen. Jugend ist dann dem mißgünstigen Alter Inbegriff von Dummheit, Leichtsinn, Frechheit, Zuchtlosigkeit.

Ein anderes Motiv ist die Neigung zum Beharren beim Alten. Die Jungen denken, reden, handeln anders, als man es gewohnt ist. Neues ist immer verdächtig. Man mag ihm keine Chance geben. Und warum nicht? Zugeben, daß die Jungen mehr wissen als man selber, daß sie tatsächlich Neues erfinden und denken, daß sie einen Fortschritt bringen, das heißt zugleich eingestehen, daß man selber in vielem überholt ist und daß es an der Zeit wird, den Jungen das Feld zu überlassen. Es heißt sehen, daß man alt wird, und das will heute niemand, weil man sich einbildet, daß Alter nur ein Mangel ist, der Mangel an Jugend, nicht aber auch ein Wert in sich, und daß der Zuwachs an Geist und Reife den Mangel ausgleicht.

Die Ablehnung des Jungen und Neuen ist auch auf das Konto der Trägheit zu setzen. Um das Neue zu verstehen, müßte man sich darum bemühen; man müßte eigene Vorurteile revidieren und umlernen. Es gehört aber zum inneren Altwerden, daß man sich weigert, zu lernen, obgleich man wissen könnte, daß gerade der Wille zum ständigen Lernen das beste Mittel ist, jung zu bleiben.

Ein weiteres Motiv ist das der Angst. Die Älteren fühlen sich durch das Anderssein der Jungen in ihrem eigenen Sosein bedroht. Man fällt hier einem Trugschluß zum Opfer; man denkt, daß, wenn die Jungen recht haben, man selbst nicht recht haben könne. Das Nein der Jungen zur älteren Generation erscheint den Älteren oft als ein absolutes Nein zu ihrer Existenz. Als ob nicht jede Generation auf ihre Weise recht hätte im Weltenplan!

Ein anderes Motiv ist der Ärger, daß die Jungen ihre Kraft mit Nichtigkeiten vertun und die mühsam erworbene Erfahrung der Älteren nicht nutzen wollen, daß sie vielmehr die gute Lebensleistung der Älteren einfach beiseite werfen, ohne doch schon etwas Besseres an deren Stelle setzen zu können.

Wenn es den Älteren aus diesen und anderen Gründen noch so schwerfällt, die Jungen zu verstehen, so müssen sie es doch lernen, denn die Generationen bedürfen einander, auch wenn sie es nicht wahrhaben wollen. Man kann, die Anweisungen Knigges ins Moderne übertragend, einige Grundregeln des Verhaltens Älterer im Umgang mit Jungen aufstellen, etwa diese:

Bedenke, daß die Jugend die Aufgabe hat, Neues zu suchen, die Entwicklung vorwärts zu treiben und dabei notgedrungen Altes abzulehnen und gegen Traditionen anzurennen.

Bedenke, daß sie zu dieser Aufgabe nicht Erfahrung mitbringt, dafür aber ungebrochene Kraft, freilich auch Selbstüberschätzung und Unklugheit, und daß sie diese dir mißfälligen Eigenschaften braucht, weil nur der Einseitige unbefangen vorwärtsstürmt.

Betrachte junge Menschen nicht als deine Feinde, sondern als Verbündete, als Mitarbeiter am Werk der Entwicklung der Menschheit.

Versuche dich in junge Menschen hineinzuversetzen, damit du ihre Schwierigkeiten begreifst und helfen kannst. Sage nie zu jungen Leuten im Ton der Überheblichkeit, ihre Ideen seien utopisch und nicht zu realisieren; vergiß nicht, daß schon viele Ideen junger Menschen zu großen und guten Neuerungen führten.

Unterhalte dich oft mit Jungen und höre gut zu, damit du lernst und «die Moderne» in dein eigenes Weltbild einordnen kannst. Dränge dich nicht in die Kreise der Jugend und wolle nicht jung erscheinen; du bist es nicht in ihren Augen, auch wenn du noch nicht alt bist.

Neide der Jugend nicht ihr Jungsein. Hast du vergessen, wie schwierig es für dich war, jung zu sein? Jugend hat es immer schwer auf irgendeine Art. Du bist ihr gegenüber im Vorteil: Du hast deine Mitte, deinen Platz in der Gesellschaft, in der Welt gefunden.

Gib Rat nur dann, wenn dich Junge ausdrücklich darum bitten, aber sei nicht beleidigt, wenn sie ihn nicht annehmen oder so tun, als nähmen sie ihn nicht an. Auch wenn dich die Jungen ablehnen, brauchen sie dich von Zeit zu Zeit wie einen Fels, auf den sie sich retten können oder an dem sie zumindest ihre Kraft messen können.

Wenn dich die Jungen kritisieren, so schätze dich glücklich, sie so weit gebracht zu haben, daß sie selbständig denken können; nimm es als Zeichen, daß sie dich ernst nehmen und sich mit dir auseinandersetzen.

Großväter
sind
die liebsten

Liebeserklärung an einen Großvater

Meiner hieß Karl, er war mittelgroß und genauso kräftig, wie
er aussah. Er trug den Kopf sehr gerade, die Wirbelsäule auch,
und er hatte einen großen Mund mit vielen Zähnen. Sein
Jähzorn war das Schönste an ihm, weil er sich nie gegen mich
richtete und weil er so wild und rasch kam, wie er verging,
und wenn vergangen, wurde sein Gesicht warm wie ein Dorf-
teich in der Sommersonne und seine Bewegungen verlegen
und einem fischenden Bären gleich.

Im Winter wohnten wir in der Sedanstraße in Schöneberg;
die Sedanstraße war ein Berlin ohne Bäume, und er paßte gar
nicht dorthin, er ging mit mir ununterbrochen spazieren und
kaufte mir vor dem Mittagessen Anisbonbons, jedesmal gab
es deshalb Krach, wenn wir zurückkamen.

Meine Großmutter war zart, zuckerkrank, und die Tragö-
die ihres Lebens war, daß sie Karl nicht liebte und daß er sie
ängstigte. Er war polnisch-ostpreußischer Abstammung, er
sprach selten über seine Familie, sehr mühsam fand ich heraus, daß sein Vater sämtliche Güter verspielt und versoffen
hatte, daß seine Mutter während einer Schwangerschaft
einen Nervenzusammenbruch hatte und die Tochter, die darauf zur Welt kam, sechzehn Jahre später verrückt wurde und
regelmäßig jedes Jahr vier bis sechs Monate in einer Heilan-
stalt zubrachte, von der sie nach Entlassung sonnig die grau-
enhaftesten Geschichten zu erzählen hatte. Mein Großvater
wurde ihr Vormund, und er litt, glaube ich, sehr darunter; sie

zog sich manchmal auf einer Berliner Brücke (sie hatte einen starken Hang zu Brücken) splitternackt aus, und mein Großvater mußte dann zur Polizei, er versuchte das alles vor mir zu verbergen, aber ich bekam es natürlich doch heraus, sosehr sie auch alle flüsterten und immer wieder nachsahen, ob ich auch eingeschlafen war.

Im Sommer war alles anders, wir waren bei Zossen in seinem kleinen Haus – es war eigentlich eine glorifizierte Laube mit vier Räumen und einem gemütlichen Herd, auf dem die jungen Küken nachts warmgehalten wurden –, seinem großen Garten mit Obstbäumen und Kohl und Spargel und einem kleinen Teich, in den ich regelmäßig fiel und entweder von meinem Großvater oder unserem keiner auch nur entfernt bekannten Rasse angehörigen Riesenhund gerettet wurde. Was ich im Winter an Anisbonbons fraß, waren im Sommer, nur noch in weitaus größeren Mengen, Äpfel, mein Großvater vertrat den eigenwilligen Standpunkt, daß auch nach regelmäßigem Erbrechen noch genug Apfel im Körper zurückbleibt, um mich mit Kraft und ungestörtem Wachstum über den sedanstraßigen Winter zu bringen.

Schwierig wurde unser Leben, wenn Großmutter für jeweils zwei bis drei Tage in der Woche in unser Paradies kam. Ich durfte nicht mehr halbnackt herumrasen und wurde in Wolle gesteckt, Karl sollte sein Netzhemd nicht «öffentlich» tragen, Äpfel wurden als wurmfördernd verschrien, meine Ziege durfte ich nachts nicht mehr an mein Bett binden, und mein Lieblingskarnickel mußte in seinem Verschlag ein anständiges Karnickeldasein führen, das ganze sommerliche Leben wurde organisiert und weiblich ordentlich.

Der erste rasende Jähzornanfall meines Großvaters fand unfehlbar zehn bis fünfzehn Minuten nach der scheu-herzlichen Begrüßung statt, er zog sich anschließend brummend und vor sich hin redend in seine hinteren Kohlbeete zurück, um wenig später braungebrannt und zufrieden auf dem Sofa zu sitzen, Omas Kaffee zu trinken und ihr von meinen unglaublich geniegleichen Äußerungen zu berichten – das war die schönste Stunde für mich, wir beteten uns gegenseitig an, über die uns trennenden sechzig Jahre hinweg. Ob ich nur ungeschickt oder bösartig war, wird keiner mehr ergründen, jedenfalls fiel immer etwas herunter, was zerbrechlich war, und damit war jedem aufkommenden Verständnis meiner Großeltern füreinander ein jähes Ende gesetzt.

Sonntags kam meine Mutter. Sie mußte arbeiten, sie war damals Sekretärin bei Siemens – mein Vater war sechs Monate nach meiner Geburt gestorben, und ich fand es bedeutend, eine Halbwaise genannt zu werden –, sie kam, und ich tat jedesmal so, als ob ich sie nicht erkannte, machte einen höflichen Knicks und sagte: «Guten Tag, Tante.» Meine Großmutter fing sofort an zu weinen und schnüffelte etwas von unnatürlichem Leben für ein Kind in dem Alter, meine Mutter hatte Tränen in den Augen, nahm mich auf den Arm und rügte meine Großmutter wegen der wollenen Kleidung, die ich bei der glühenden Hitze trug, zwischen der nunmehr beginnenden Auseinandersetzung bekam ich mein Sonntagsgeschenk von meiner Mutter und hörte meinen Großvater etwas von blöder Gefühlsduselei sagen. Montags fuhren Mutter und Großmutter nach Berlin zurück, und nach herzzerreißendem Abschied und langem Winken blinzelten Großvater und ich uns zu wie zwei Verschwörer, die ihrer illegalen Arbeit nun wieder ungestört nachgehen dürfen. Montags durfte ich ganz nackt im Garten laufen, bekam die Äpfel nachgeliefert, die ich während der Besuchszeit verpaßt hatte, und mußte mich meist bereits vor dem Mittagessen übergeben.

Meine Großmutter wurde immer dünner und nervöser, und ihre schönen, sehr großen hellgrauen Augen wurden unruhig und ganz farblos. Manchmal wurde sie ohnmächtig, das machte Großvater hilflos und wütend. Sie wollte auf gar keinen Fall in ein Krankenhaus, als Begründung sagte sie: «In einem Krankenhaus werde ich sterben, das fühle ich.» Sie wollte auch keine Spritzen, sie taten in ihrem fleischlos gewordenen Körper weh. Als sie zu matt wurde, um sich wehren zu können, brachte meine Mutter sie dann doch in ein Krankenhaus, und wenig darauf starb sie. Ich wurde während dieser Zeit täglich in einen Kindergarten in der Sedanstraße gebracht, den ich zutiefst haßte, die immer freundlichen Schwestern, die ihre Freundlichkeit an alle regelmäßig verteilten, machten mich unglücklich; mir wäre es dann schon lieber gewesen, wenn sie mich angebrüllt hätten. Ich beteiligte mich nie an den Spielen, weinte zu meiner und der Schwestern Verzweiflung endlose Stunden hindurch und sehnte mich nach meinem Großvater und Zossen und Sonne. Eines Morgens sagte meine Mutter zu mir, daß die Oma nun im Himmel sei, und weinte dabei . . . der einzige, der bei der Trauerfeier nicht weinte, war mein Großvater, und das fand ich auch ganz richtig, denn die Kombination Himmel und Tränen war mir zu verwirrend. Er lachte auf der Fahrt zum Friedhof sogar einmal, und meine Mutter sagte später, er wäre schon immer so «roh» gewesen.

Meine Mutter kündigte bei Siemens, um sich mehr um mich kümmern zu können, denn «man kann das Kind nicht mit einem alten Mann aufwachsen lassen . . .», und kaufte sich ein Zigarrengeschäft in der Nähe der Friedrichstraße. Sie war damals sehr schön, und viele Männer kamen, kauften Zigarren, um sie einige Meter vom Laden entfernt in einen Gully zu schmeißen – eines Tages beobachtete Mutter einen ihrer Stammkunden bei dieser Beschäftigung und sagte sich wohl, daß die Tabakbranche nicht das richtige für sie sei, daraufhin wurde mit vielen Schwierigkeiten ein Schokoladenladen gekauft, in dem sie und ich die Hälfte unserer Ware allein aßen, in dieser Zeit lernte sie Herrn Wulfestieg kennen und heiratete ihn – er hatte Asthma, und ich äffte seinen Husten immer nach, weil ich ihn nicht leiden konnte, und dadurch wäre schon beinahe die Verlobung geplatzt . . .

Am Hochzeitsmorgen freute ich mich vor allem auf Großvater – ich raste ihm entgegen und brüllte aus Leibeskräften: «Meine Mutter heiratet heute!» In der Aufregung übersah ich eine rundliche kleine Frau mit kleinem Kopf und kleinen braunen Augen, die er dann als Tante Emma vorstellte, der Hochzeitstag war für mich geschmissen, meine Mutter einen fremden Herrn, mein Großvater eine fremde Dame. Mutter schien auch nicht beglückt und sagte etwas wie: «Eine Schande, so kurz nach dem Tod von Mutter!» Er kam ganz traurig unter den Tisch gekrochen, unter dem ich maulte, und erklärte mir, daß ein erwachsener Mann eine Frau braucht, und das leuchtete mir ein.

Tante Emma war Köchin in Frankreich gewesen, die Verwandten sprachen möglichst nur im Flüsterton darüber, Frankreich war Bordell und Unzucht, und etwas Anständiges lernt ein deutscher Mensch dort eben nicht ... Emma hatte es schwer mit allen, außer mit Großvater, der blühte auf, und ihre Betulichkeit tat ihm wohl, sie sprach sogar über seine etwas entstellte Nase – sie hatte während eines ostpreußischen Winters Frost gekriegt und lief bei Kälte lila an und platzte manchmal auf –, ein Tabu vorher und jetzt ein bemitleidenswerter, sehr zu pflegender und mit Nasenschützern zu versehender Körperteil. Sie wohnten, nachdem sie nach langem Hin und Her geheiratet hatten, in Zossen, und ich sah Großvater nur noch sehr selten, der Sommer wurde nun wie der Winter, und ich war dauernd krank, einmal so sehr, daß ich für ein paar Wochen zu Großvater und Tante Emma gebracht werden mußte, Großvater bestand darauf, denn frische Luft würde aus mir wieder einen kräftigen Menschen machen, die Äpfel erwähnte er vorsichtshalber gar nicht. Emma kochte Tauben für mich und küßte mich jedesmal vor und nach dem Essen, was mir ziemlich widerlich war, denn in unserer Familie wurde sonst nicht viel geküßt, nur zu Weihnachten und zum Geburtstag und zu Neujahr, da das alles bei mir innerhalb einer Woche stattfindet, hatte ich es verhältnismäßig schnell und etwas gedrängt hinter mir. Aber bis auf die Küsserei hatte ich Emma ganz gern und war traurig, als sie plötzlich auch in das städtische Krankenhaus kam und starb. Mein Stiefvater, den ich nun Papa nannte, sagte, es käme vom heißen Abschmecken, denn sie hatte Magenkrebs, und Kochen erschien mir für viele Jahre lebensgefährliche Beschäftigung.

Nun war Großvater wieder allein, und ich hoffte auf unser altes Sommerleben – umsonst, Großvater hatte Krach mit meinem «Papa», und der «Umgang», wie er es nannte, wurde mir verboten. Einmal, es war im ersten Schuljahr, zog mich jemand vor der Schule an meiner Mappe, und als ich mich erschrocken umdrehte, stand er da, dünn und alt geworden, mit sehr weißem Haar, und hatte zum erstenmal Tränen in den Augen; wir blieben den ganzen Nachmittag zusammen, und er kaufte mir ein Fahrrad. Als ich nach Hause kam, gab es Krach, meine Mutter sprach für Großvater, mein Stiefvater gegen ihn, und ich überlegte mir, wie lange ich radfahren müßte, um nach Zossen zu kommen.

Eines Tages hatte Großvater das einsame Landleben satt und zog mit Großtante Hulda – sie war eine der vielen Schwestern meiner Großmutter – in eine Wohnung in der Frobenstraße Nr. 13. Die Frobenstraße war ganz in der Nähe vom Nollendorfplatz, kein Baum, kein Park, nur Hochbahngetöse, Omnibuslärm und düstere Zimmer. Warum er gerade auf diese Wohnung verfiel, weiß ich bis heute nicht – vielleicht wollte er einen besonders dicken Strich unter sein früheres Netzhemddasein ziehen.

Tante Hulda sah aus, als wäre sie nie in ihrem Leben jung gewesen; sie war ganz klein und vertrocknet und unendlich geduldig, keiner konnte so zuhören wie Tante Hulda, und keiner hatte eine so sanfte Stimme – sie zwang einen mit dieser kaum hörbaren Stimme zur Ruhe und Duldsamkeit, selbst wenn man sich das halbe Knie abgerissen hatte und brüllend um Mitleid rang. Das war Tante Hulda, und Karl konnte sie eigentlich nie leiden, aber er konnte nun einmal

nicht ohne ein weibliches Wesen in seiner Umgebung aus-
kommen.

Das angenehme an der Wohnung war, daß ich sie mit dem
Achter-Omnibus sehr schnell erreichen konnte, und nachdem endlich unterm Weihnachtsbaum eine knorrig-männli-
che Versöhnung zwischen Stiefvater und Großvater stattge-
funden hatte, durfte ich einmal in der Woche bei ihm schlafen. Tante Hulda hatte Angst vor Menschen und hatte auf
zwei Sicherheitsketten, Guckloch und kompliziertes Schlüs-
selverfahren bestanden. Nachdem ich freudvoll die immer
finstere Treppe hinaufgefallen war und mir an der altmodi-
schen Klingel die Finger beinah abgedreht hatte, wurde zwei
Minuten lang gefragt, geguckt und geschlossen, und endlich
konnte ich mich mit meinem Übernachtungsgepäck in die
Wohnung stürzen.

Großvater sah nicht mehr so braungebrannt aus wie früher, aber gesund und gerade, und er schien die schwierigen
Monate vergessen zu haben, sein Jähzorn tobte sich in gemil-
derter Form an Tante Hulda aus, die sich zwar darüber beklagte und mit einem leisen und langgezogenen «Kaaaaarl»
die Dramen beendete, die aber bestimmt nach der langweili-
gen Ehe, die sie vor Jahren einmal geführt hatte, nicht gern
auf Großvaters Raserei verzichtet hätte.

Ich schlief auf einem breiten, ausgelegenen Sofa unter
einem «Regulator». Er holte jede Viertelstunde schmerzlich
ratternd Luft, um dann bei der ersten Viertelstunde einen, bei
der halben zwei und der Dreiviertelstunde drei donnernde
Schläge von sich zu geben – die volle Stunde wurde mit
mehreren, nur der koreanischen Oper vergleichbaren wüten-
den Gongexplosionen in verschiedenen Tonarten bekanntge-
geben. Ich flog fast jedesmal von meinem Sofa, Großvater
hingegen schlief seelenruhig in seinem halbbesetzten Dop-
pelbett weiter. Er klopfte jeden Abend mit der rechten großen
Zehe gegen die untere Bettwand – sechsmal – und schwor
darauf, daß er nur dadurch Punkt sechs erwachen könne.

Tante Hulda stand erst um sieben auf, was Großvater für ungesund hielt. Er hatte dann bereits kalte Waschungen und Freiübungen gemacht, den Herd rauchlos zum Brennen gebracht, Brötchen geholt und Kaffee gekocht – Frühstück war lang, gemütlich, und meist las Großvater zum Abschluß die Fortsetzung des «Morgenpost»-Romans vor. Da ich die vorherigen nicht kannte, döste ich friedlich vor mich hin und fraß ungeniert die restlichen Brötchen mit Gänseschmalz. Dann brachte er mich zur Bushaltestelle, brachte den Berliner Verkehr durcheinander, indem er darauf bestand, dem seiner Meinung nach schwachsinnigen Schaffner die Wichtigkeit meiner Person zu erklären und ihn mit Nachhilfe eines kleineren Geldbetrags zu verpflichten, seine Enkelin am richtigen Platz, nämlich der Schule, abzuliefern. Alle Leute glotzten mich dann im Bus unverhohlen neugierig und morgenblöde an, und ich war froh, wenn ich ihnen und dem aufgeregten Schaffner entfliehen konnte.

Wir wohnten jetzt in Friedenau und hatten einen Schuhmacherladen in der Nähe der Wohnung, direkt am Bahnhof Wilmersdorf. Die Besuche in der Frobenstraße waren nicht mehr so regelmäßig – ich mußte im Geschäft mithelfen, und es machte mir Spaß, nur das Austragen der reparierten Schuhe hatte ich nicht gern, ich fürchtete mich in den kalten dunklen Hausfluren, auf den unübersichtlichen Hinterhöfen und vor den Menschen, die manchmal gleichgültig, manchmal barsch und gestört und manchmal freundlich und mit Trinkgeld die Türen öffneten.

Mein Bruder – oder, wie man so befremdend sagte, «Halbbruder» – wurde geboren. Der Tag war ausgefüllt. Ich lernte eine Welt ohne Großvater kennen. Ich vergaß ihn wochenlang, ich fing an, erwachsen zu werden, ich wurde treulos. Er veränderte sich nicht, hatte meine Veränderung erwartet und warf sie mir nicht vor. Eine weihnachtliche Geschenkkrise wurde überwunden, und wir fanden für Stunden zueinander und verließen uns wieder. Ich hatte mir ein Akkordeon gewünscht und bekam Skier – «Akkordeon macht eine schlechte Brust», sagte er. Der Krieg kam und die Marken und Güterzüge mit Soldaten, die Söhne der Nachbarn wurden eingezogen, und mein Großvater sagte: «Wir werden den Tod der Juden büßen müssen.» Er wurde stiller. Dann kamen die Luftangriffe und das Suchen und das Hoffen... er wurde nicht ausgebombt, aber wir verloren dreimal hintereinander die Wohnung – am Anfang die Möbel, dann nur noch Koffer. Er kam nach den Angriffen zerzaust, versengt, mit einer Tüte voller Brötchen und etwas Kaffee und beklagte sich über Tante Hulda, die wieder im Keller leise gebetet und geweint hatte. Er hatte nie über seinen Sohn Kurt gesprochen. Er war schon Mitte der zwanziger Jahre nach Amerika ausgewandert, aber die Entfernung war durch den Krieg größer geworden, er wollte ihn gern noch einmal sehen, und eines Tages ging er mit mir in eine Kirche. Er saß ganz still da und schien genau zuzuhören, aber als wir weggingen, war er wütend – auf sich und «auf die Idioten, die dreiunddreißig etwas hätten tun sollen» – was, hat er mir nicht gesagt, und ich hätte es auch nicht genau verstanden. Ich hatte einmal mit dem Zeigefinger «Hitler ist doof» in den Sand geschrieben, um ihm eine Freude zu machen, aber er hatte mir weitere Zeichnungen dieser Art verboten, und so sprachen wir nicht mehr davon, und mit «davon» meine ich Hitler und Krieg und SS und Magermilch. Nur als ich in den BDM eintreten sollte, wehrte er sich mit Händen und Füßen, und meine sämtlichen Krankheiten wurden hervorgezerrt.

Ich habe meinen Großvater nie mit Männern in «männlichen Gesprächen» gesehen; er mochte Männer nicht, spielte nicht Karten und haßte alle Verbrüderungen – er war jetzt allein. Tante Hulda zog nach den verbeteten angstvollen Nächten in der Stadt zur ihrer verhärmten Tochter in Zehlendorf, meine Mutter wurde mit meinem Bruder auf ärztlichen Befehl evakuiert, und ich hatte einen Beruf oder eine

Lehrstelle, die einmal ein Beruf werden sollte, und wohnte in Untermiete.

Ich besuchte ihn abends oder an Sonntagen, aber es war ein wenig Pflicht dabei und eine Sehnsucht nach der weichen Wärme vergessener Sommer, die ich nicht mehr wahrhaben wollte – Miete, Stipendium, Ehrgeiz, den Krieg vergessen, arbeiten, lernen; herauskommen aus Schuhmacherläden, Ledergeruch und Eintopf ohne Fett konnte ich nicht mit der Sehnsucht nach unseren Sommern, das wußte ich. Ich stürmte nicht mehr die vor Jahren schon düstere und jetzt vollkommen verdunkelte Treppe hinauf, die Klingel ging seit langem nicht mehr, und nach kurzem Klopfen öffnete er mir die Tür – froh und vorbereitet, Kaffee auf dem Tisch und selbstausgelassenes Schmalz im Glas und sogar Brötchen, etwas wäßrige, dunkle Kriegsbrötchen. Wir saßen an dem großen Tisch, ich auf dem alten Sofa unter der krächzenden Uhr, die Hängelampe war mit Tüchern verbunden wie ein verletztes Kuheuter. Erst mußte ich essen, und während ich kaute, fing er an zu erzählen . . . Ganz früher, als ich seine Worte noch nicht verstand, hatte er mir viel erzählt, und jetzt wieder: von seiner Jugend und den masurischen Seen, über die man im Winter mit von Pferden gezogenen Schlitten rasen konnte, von dem Gymnasium, das er nach dem Zusammenbruch des Vaters in Holzpantinen besuchen mußte, und von den anderen, noch reichen Verwandten, die die plötzlich verarmten Kinder auf ihre Güter holten, um sie dort auf den Feldern schuften zu lassen und in die Dorfschule zu stecken . . . er hatte nichts vergessen, und sein Haß und seine Trauer waren so frisch wie damals, als er vor diesen Verwandten nach Berlin flüchtete. Dann sang er leise ein polnisches Lied, das ich oft von ihm gehört hatte und das er mir nie übersetzt hatte. Er trank nicht gern Alkohol, aber nach dem polnischen Lied gab es immer Rotwein, das war schon früher so gewesen, dann kam Fliegeralarm, und wir gingen in den Keller – er räumte erst auf, öffnete die Fenster, damit sie durch den Luftdruck nicht gleich zerplatzen sollten, und packte ein paar Brote und eine Thermosflasche ein, der Luftschutzwart tobte vor der Korridortür, die Flak raste, und manchmal fielen auch schon die ersten Bomben, er ließ sich nicht hetzen, weder von den zeternden Deutschen vor der Tür noch von den brummenden Amerikanern am Himmel.

Und als die Russen nach Berlin kamen und die Stadt schon besetzt war, warfen zwei fünfzehnjährige Hitlerjungen ihre restlichen Handgranaten aus dem Fenster, und das Haus Frobenstraße 13 wurde mit Panzerkanonen zusammengeschossen. Mein Großvater überlebte und rettete sich aus dem brennenden, einstürzenden Haus. Mit einer zerrissenen Hose und angesengten Hausschuhen an den Füßen lief er nach Zehlendorf, viele Stunden lang, und suchte die Wohnung, in der ich zuletzt in Untermiete gewohnt hatte. Die Leute im Haus sagten ihm, sie hätten mich seit den Kämpfen nicht mehr gesehen, dann lief er nach Wilmersdorf und fand meinen Stiefvater; Stiefvater war lungenkrank geworden und von den russischen Besetzern, die er so sehr herbeigesehnt hatte, angeekelt.

Mein Großvater blieb bei ihm, sie lebten in einer halb ausgebombten Wohnung in einem Zimmer und haßten sich und warteten wochenlang auf eine Nachricht von meiner Mutter, von meinem Bruder, von meinem Onkel, von mir . . . Meine Mutter schien tot zu sein, das Dorf, in dem sie gelebt hatte, war von Engländern besetzt, und vorher hatte es tagelang Kämpfe gegeben.

Mein Großvater saß auf einem wackeligen Sessel an einem Fenster, das keine Scheiben mehr hatte, er trug eine zerrissene Hose und ein Jackett, das ihm zu weit war, er hatte angesengte Hausschuhe an den Füßen – so sah ich ihn wieder, als ich drei Monate später aus der russischen Gefangenschaft zurückkam; er hob ganz ruhig den Kopf und sagte: «Da bist du ja, mein Kind», nahm meine Hand und schlief ein . . .

CHRISTA MEVES

Großeltern – wichtiger denn je

In einigen südeuropäischen Ländern, so hat eine wissenschaftliche Untersuchung über die «Familie in Europa» festgestellt, bestehen für eine seelisch stabile Entfaltung der jungen Generation mehr Chancen als in der Bundesrepublik. Und das liegt u. a. zu einem Teil daran, daß die Kinder dort nicht in der Betreuung ihrer Eltern allein, sondern gleichzeitig in der Obhut der mit unter dem gleichen Dach lebenden Großeltern aufwachsen. Großeltern scheinen positiv als Wurzelgrund für die junge Generation zu wirken.

Das leuchtet ein, denn man könnte im Hinblick auf die Lage in den Familien der Bundesrepublik wohl ausrufen: «Wo sind denn nur die Grannys hin, wo sind sie denn geblieben?» In den selteneren Fällen sind sie tot; im Gegenteil: Die durch eine tüchtige Medizin so weit ins hohe Alter vorgeschobene Lebenserwartung beschenkt immer mehr Enkel mit Großeltern – häufig sogar bis ins eigene Erwachsenenalter mit allen vier Personen. Und dennoch wird ihre direkte Mitwirkung an dem Aufziehen der Enkel immer geringer. Warum?

Das liegt nicht allein daran, daß die Jungen vom Wohnort der Eltern fortziehen – oft distanzieren sich auch die Großeltern selbst. Vor allem aber sind immer mehr Großmütter heute auch berufstätig. Großvater hat zudem nach seiner Pensionierung eine schöne Rente zu verzehren und ist nicht im mindesten auf das Altenteilbrot seiner erwachsenen Kinder angewiesen. Zeitunglesen und Fernsehen ist gewiß eine wesentlich beschaulichere Tätigkeit als Kleinkinderhüten, wozu auch die Großväter in der bäuerlichen Großfamilie nur allzu oft mit eingespannt waren.

Müssen wir das beklagen? Sicher bedeutet, so erfahren wir aus den wissenschaftlichen Untersuchungen, das Fehlen von Großeltern für die Enkel einen spürbaren Verlust. Es ist eine großartige Sache, wenn ein Kind Großeltern hat. Denn eins brauchen unsere Kinder im unnatürlichen Leben unserer Zeit dringlicher denn je, wenn sie angstlos aufwachsen sollen: daß sie beschützt und geborgen sind. Und doppelt genäht hält besser – das empfindet schon jedes Kleinkind, das den absichernden Hintergrund liebevoller Großeltern verspürt. Margaret Mead, die große Ethnologin, schreibt in der beglückenden Erfahrung eigenen Großmutterseins gewissermaßen als Quintessenz ihrer wissenschaftlichen Lebensarbeit:

«Heute ist mir noch viel klarer als damals, als ich von Mundugumor zurückkam, daß eine Gesellschaft, die aufgehört hat, Kinder zu lieben, eine Gesellschaft, die älteren Menschen jeden sinnvollen Kontakt mit Kindern entzieht, eine Gesellschaft, die irgendeine Gruppe von Männern oder Frauen so isoliert, daß sie weder Kinder haben noch sich um sie kümmern können – daß diese Gesellschaft gefährdet ist. Es ist ungeheuer schwer, Kinder abstrakt zu lieben, sich ausschließlich der nächsten Generation zu widmen. Nur durch die genaue, aufmerksame Kenntnis bestimmter Kinder können wir – und das müssen wir – zu informierten Anwälten der Bedürfnisse aller Kinder werden und zu leidenschaftlichen Verteidigern des Rechts noch nicht empfangener Kinder auf eine glückliche Geburt.»

Wenn die Großeltern mit auf dem Posten stehen, haben wir mehr Aussicht, daß es so viele seelisch gesunde, lebenskräftige junge Menschen gibt, daß wir für die künftigen Geschlechter hoffen dürfen.

Charakteristisch ist der große Unterschied in der Mentalität eines Großvaters und einer Großmutter. Viele Schwierigkeiten betreffen sehr viel häufiger die Großmutter als den Großvater. Die Gefahr, zu eifrig und zu sehr mitmischend einzugreifen, kommt seltener bei ihm vor. Sie ist ein typisches Problem von Großmüttern. Bei Großvätern ist viel eher einmal die Gegebenheit zu beobachten, daß sie sich nicht zuviel, sondern zuwenig um ihre Enkel kümmern. Woran liegt das? Es hat seine Ursache in einem – wie die neuere Forschung weiß – angeborenen Geschlechtsunterschied: Die Mütterlichkeit der Frau hat einen sehr viel triebhaft-drängenderen Charakter. Ihre eigentliche Wesenheit kann die Großmutter erst entwickeln, wenn sie einen echten Lebensgehorsam lebt – und der hat es auf die Überwindung des Nur-Triebhaften abgesehen. Erst aus dieser bewußt vollzogenen und bewußt gelebten Überwindung entsteht der Charakterzug ausgleichender Gelassenheit, die die Großeltern zum ruhenden Pol und Mittelpunkt einer Familie machen, den sie so nötig braucht.

Der Großvater hat es meist leichter, eine solche Position zu erreichen, denn er hat von seiner anders gearteten Mann-Natur her viel eher die Möglichkeit, sich in die unabdingbare Distanz zu stellen. Von seiner Grundposition her ist sie viel eher gegeben; denn mit und ohne Gleichheitsideologie: Das brennende Interesse am Windeln und Putzen, am Tränken, Füttern und Schönmachen geht ihm im Großvaterstatus eher noch mehr ab als im Vatersein. Die Verzückung, die die Großmutter befällt, wenn sie ihren Enkel umsorgen kann, ist vielen Großvätern mehr oder weniger fremd. Im Gegenteil: Oft sind die Männer als Großväter sogar wesentlich lärmempfindlicher, als sie früher waren; sie haben bei aller Freude an den Enkeln doch eher mehr das Bedürfnis, sich aus dem unmittelbaren Kreis von deren Aktivitäten abzusondern. Auch die Großväter, die ihre Enkel nachdrücklich und stolz bejahen, können es keineswegs immer in ihrer Nähe aushalten. Und wenn keine Räumlichkeiten vorhanden sind, die nach einer gewissen Zeit der Gemeinsamkeit und Duldung Rückzugsmöglichkeiten bieten, sucht Großvater meist bei fortgesetzter Enkelkonfrontation das Weite. Es ist nötig, daß Mütter und Großmütter diese Haltung nicht als Desinteresse oder gar beleidigt als Affront auffassen. Es ist in den seltensten Fällen so gemeint. Kinderlärm kann grundsätzlich sehr verschieden erlebt werden; der, den die Enkel machen, ist für Mütter und Großmütter in viel höheren Phonstärken noch angenehme Musik, während Großvaters Ohren schon lange schaudernd leiden. Der Großvater kann deshalb angesichts von vielen gleichzeitig anwesenden Enkeln selten das Eigentliche, das positiv Charakteristische seiner Eigenschaften entwickeln. Das ist viel eher möglich, wenn man einen einzigen Enkel seiner Obhut überläßt. Mit einzelnen Enkeln fühlen sich die Großväter nicht so leicht überfordert, und der Enkel hat die Chance, das Juwel Großvater zu entdecken. Großväter sprechen nämlich meist weniger als Großmütter. Sie haben auch weniger Lust am Machen, am Organisieren der täglichen Verrichtungen. Aber sie haben Freude daran, mit dem einen Enkel an der Hand nach draußen zu gehen, ihm die Natur zu zeigen, mit ihm Bilderbücher zu besehen, ihm vom großen Krieg zu erzählen oder von der alten Zeit. Der moderne Großvater fährt gern mit seinem Enkel Auto, wandert, rudert, segelt, angelt mit ihm oder sieht mit ihm einen Tierfilm an. Der besinnliche Großvater hat Freude am fragenden Enkelkind. Er ist besonders geeignet für das kluge, das erfahrene Einweisen. Aber er ist dem Enkeltrubel meist abhold.

Es ist wichtig, sich diese Gegebenheit bewußt zu machen, denn erst dann lassen sich die Gelegenheiten für die Zweisamkeit von Großvater und Enkelkind schaffen. In meiner Praxis habe ich die Erfahrung gemacht, daß für viele Menschen die stillen Stunden mit einem Großvater, der für sie Zeit hatte, zu den nachhaltigsten und bedeutsamsten Kindheitserlebnissen gehören. Ein solcher Großvater blieb in ihrer

Erinnerung der Repräsentant von Gelassenheit, von selbstverständlicher Schutzbereitschaft, von einführender, weitergebender Offenheit. Für viele blieb er der Still-Wissende, der ihnen ein Gespür dafür vermittelt, aus einer alten Zeit zu kommen und in eine neue hineinzugehen. Großvater ist auch der Mahnende, der die höheren Mächte kennt, der die Hand des Enkels in der seinen festhält, weil er sich der Gefahren bewußt ist. Es ist wie bei Prokofieffs «Peter und der Wolf»: Der Großvater weiß, daß das Böse lauert und jederzeit einbrechen kann. Er hat die Mächte erfahren. Er vermittelt dem Enkel mit großem Ernst sein Wissen darüber: über die Größe der Mächte und die eigene Schwäche. Es ist dumm, ohne dieses Wissen ins Leben hineinzustürzen. «Das ist gefährlich», sagt schlicht und bedeutungsvoll der Großvater im Prokofieff-Märchen zu Peter, der sich aus dem schützenden Haus einfach so auf die Spielwiese des Lebens begibt. Großvater ist grundsätzlich ein den Klauen von Tod und Teufel Davongekommener. Er sollte das im Bewußtsein haben, denn er hat die Aufgabe, die Mahnung weiterzugeben. In dieser Weise ist der Großvater der Repräsentant von tradierter Erfahrung, der seine Weisheit an den Enkel vermittelt, der hören will. Aber er drängt sich nicht auf und überschätzt seinen Einfluß und seine Einwirkungsmöglichkeiten nicht. Und dennoch spürt der Enkel, wenn er seine Hand in die knorrige Altershand des großen Vaters schiebt, gerade durch diese Haltung den Vorgeschmack seines Lebensauftrags in der Mischung von Anforderung und Bergung, die für jeden Enkel einen unschätzbaren Wert darstellt.

Freilich heißt das nicht, daß es wünschenswert ist, die Aufgabenverteilung von Großvater und Großmutter starr einzuhalten. Natürlich sind die Grenzen der Betätigungsfelder fließend. Natürlich können sich die Großeltern gegenseitig vertreten oder, wo einer der beiden nicht mehr existiert, den Part des anderen mit übernehmen.

Es ist auch wichtig, sich bewußt zu machen: Grundsätzlich

steht die Großmutter dem Alltag der Enkel näher, bietet deswegen zwar sehr viel mehr Angriffsflächen für Kritik, weil durch die Aufgabenfülle bedingt grundsätzlich mehr Fehler gemacht werden können – wer sich einsetzt, setzt sich eben auch aus –, das heißt aber nicht im mindesten, daß Großmütterlichkeit in irgendeiner Weise geringer zu schätzen sei als Großväterlichkeit. Das Gegenteil kommt der Wahrheit näher: Der Dienst der Großmutter an den Enkeln ist meist wesentlich umfangreicher und hat dementsprechend tiefen Respekt, ja die größte Hochachtung verdient.

Dieses Kapitel darf nicht abgeschlossen werden, ohne darauf hinzuweisen, daß die Kinder unserer Zeit häufig nicht nur Großeltern haben, sondern auch Urgroßeltern. Die Tüchtigkeit der Medizin macht es möglich, daß immer mehr Menschen ein hohes Alter erreichen. Eine erhebliche Zahl der Uralten lebt heute auch noch in den Familien. Die Enkel heute erleben in der mit im Haus lebenden Urgroßmutter viel eher jene Charakteristika, die für die Großmutter früher typisch waren: die alte, schon ein wenig behinderte Frau mit dem Strickstrumpf im Sessel, im besten Fall mit erzählfreudiger Wachheit. In solchen Fällen kann sie der sehr geliebte, stille Mittelpunkt der Familie sein.

Freilich gibt es auch dieses Erleben: daß die Uralten ihre wachsende Altersschwäche nicht heroisch tragen, sondern sie als fortgesetzte Unzufriedenheit auf die Familienmitglieder projizieren. In solchen Fällen erleben die Enkel ihre Urgroßeltern (manchmal auch die Großeltern) als Belastung, unter der die Familie oft über Jahre und Jahrzehnte seufzt.

Es ist dann wichtig, daß Großeltern und Eltern den Kindern deutlich machen, wie schwer es ist, ein hohes Alter zu ertragen, wie leicht und allgemein sich Schwäche in Aggressivität verwandelt, wie sehr wir an einer solchen harten Pflege lernen können, auch dann noch Liebe und Respekt zu schenken, wenn das Gegenüber nicht mehr in der Lage ist, mit Gegenliebe zu antworten.

Kinder haben eine solche Erziehung zum Respekt vor der Altersschwäche dringend nötig, um Menschenachtung durch das Beispiel ihrer Eltern und Großeltern zu lernen.

Der älteste Enkel hat oft einen Bonus, der nur schwer von den Nachgeborenen wieder einzuholen ist. Nicht selten ist das aber das Kind einer Tochter, während in der Rangliste der Eltern einst ein Sohn den ersten Platz einnahm. Töchterkinder rangieren in der Liebe der Großeltern häufig vor den Schwiegertöchterkindern. So haben oft gerade die Angetrauten der heiß geliebten Söhne einen schweren Stand. Ihre den Enkeln angediehenen Erziehungsweisen scheinen den Großeltern oft weniger gekonnt als die der Töchter; jedenfalls geht es besonders im großmütterlichen Gefühlsleben hier oft recht archaisch zu. An die eine Familie und ihren Nachkommen werden strengere Maßstäbe angelegt als an die andere. An der im Grunde nicht gerechten Beurteilung der Großmutter entbrennen dann manchmal Kämpfe, Antipathien und Animositäten der Schwägerinnen. Die Benachteiligten versuchen sich an den Bevorzugten zu rächen, unbedachte Worte werden hochgespielt und überbewertet, und dennoch geht es immer wieder nur um eines: vom Großelternpaar angenommen und geliebt zu sein und nicht gegenüber den anderen zurückgesetzt zu werden. Rangeleien um solche Vorlieben lassen sich im Keim ersticken, wenn die Großeltern diese Gefahr durchschauen und es sich zur Aufgabe machen, Gerechtigkeit walten zu lassen, indem sie sich zum Beispiel gerade besonders um die Kinder derjenigen Schwiegertochter bemühen, die ihnen spontan nicht so sympathisch ist, indem sie also den schwierigen Versuch machen, ihre Liebe gleichmäßig zu verteilen. Zu dieser ausgleichenden Funktion der Großeltern gehört es auch, Zerwürfnisse zwischen den Kindern auszugleichen. Hier hat auch der Großvater eine Aufgabe, bei der er auch ein wenig patriarchalische Festigkeit an den Tag legen darf: «Ihr habt die Pflicht, einander zu lieben.» – «Ich wünsche, daß wir uns zusammenfinden.» – «Ich erwarte von Dir einen versöhnlichen Brief an Deinen Bruder (Deine Schwester, Deinen Schwager, Deine Schwägerin).»

Ohne sich groß einzumischen, sollten die Großeltern nicht gerade eine richterliche, aber eine vermittelnde, eine zusammenführende Rolle spielen und nachdrücklich den Wunsch bekunden, daß von den Streithähnen Vergebungsbereitschaft erhofft wird. Es ist aufbauend, wenn der Großvater (oder auch die Großmutter) in einem solchen vermittelnden Gespräch ihre (seltene) Einmischung bewußt begründen dergestalt: «Es ist von so großem Wert, daß wir als Familie zusammenhalten, und es ist die besondere Aufgabe der Großeltern, dafür zu sorgen, daß sich nicht reparable Risse gar nicht erst ausbilden, sondern so rasch wie möglich geheilt werden. Bitte versucht, diesen Gesichtspunkt ganz ernst zu nehmen und kleine Kränkungen, Eifersüchteleien und Antipathien hinter diesem Vorrang zurückzustellen!»

Von großer Wichtigkeit ist es in diesem Zusammenhang, daß die Großeltern sich chronisch einseitiger Parteinahme für eine der Kinderfamilien enthalten, selbst wenn es eindeutig ist, daß ein einzelner die alleinige Schuld am Zerwürfnis trägt.

Großeltern sollten es sich zur Aufgabe machen, zukunftweisend zum Guten zu reden. Es ist wichtig, daß sie selbst verwerfliches Verhalten ihrer Nachkommen nicht dauerhaft kritisieren und deshalb mit diesen Familien brechen. Die Notwendigkeit, die Gemeinschaft als Familie aufrechtzuerhalten, hat Vorrang, und deshalb steht die Vermittlerrolle den Großeltern besonders gut an. Oft ist das durch freundlich mahnende, verstehende und zusammenführende Briefe besser zu erreichen als im mündlichen Gespräch oder am Telefon. Großväter können das besonders gut. Sie sollten sich bei solchen Vermittlerdiensten um Frieden auch nicht allzu sehr von ihren Frauen bestimmen und sie beim Briefeschreiben über die Schulter gucken lassen. Streitpunkte müssen auch einmal ad acta gelegt und nicht immer neu aufgewärmt werden, wozu Großmütter viel eher eine Neigung haben. Sie können auch, ohne das eigentlich zu beabsichtigen, durch übertriebene und wiederholte Wiedergabe des Geschehenen die Gräben vertiefen, Ablehnung und Streit schüren. Großmütter können unversehens die einen gegen die anderen aufhetzen – und auch in dieser Weise ihren Ehemann stimulieren. Das ist eine gefährliche Eigenschaft! Im allgemeinen hat das männliche Geschlecht – so hat eine neuere internationale psychologische Forschung herausgefunden – eine niedrigere Schwelle für Aggressionen als das weibliche. Lediglich im Alter verkehren sich die Verhältnisse gelegentlich: Die Männer werden konzilianter, die Frauen entwickeln eine vermehrte Neigung zu Aggressionen. Haben wir Gegebenheiten dieser Art im Bewußtsein, so können wir sie nutzen: die Großmütter, indem sie sich zu zügeln suchen, die Großväter, indem sie ihre zunehmende Ausgeglichenheit einsetzen, um die Einigkeit in ihren Familien nachhaltig zu stärken.

BARBARA NOACK

Was wäre dieses Kinderleben
ohne Großvater

Großvater ist gestorben. Am Abend vorher kegelte er noch. Dabei mußten ihn zwei Klubfreunde halten, wie immer, seit er vor einem Jahr der Kugel nachgeschlittert ist, die Bahn runter, und alle glaubten, das überlebt der kleine, alte Mann nie. Großvater ist nicht an seinem Kegeleifer gestorben, sondern ganz einfach so, beim Kaffeetrinken, eingeschlafen. In seinem Lehnsessel, dem einzigen Möbel seiner Wohnung, auf dem die Enkel nicht hatten toben dürfen. Großvater hatte gesagt, in seinem Sitzpolster wohnte ein Sparifankerl, was ein bayrisches Teufelchen ist, vor dem sich die Enkel fürchteten. Robert und Peter haben sich zwar gefürchtet, brauchten den Sessel aber dringend als Abschußrampe für den Flug aufs Sofa. Haben sie also das Polster mit dem Sparifankerl vorher aus dem Sessel gehoben. Diese Lösung hat Großvater nun wieder imponiert.

Er besaß übrigens nur noch ein Auge. Das kniff er zu, wenn die beiden etwas anstellten. Das meiste, was sie als kleine Jungen anstellten, hatten sie sowieso von ihm gelernt. Auch das Schießen mit Kastanien auf Fußgänger. Zu dritt lauerten sie hinterm Haselnußgebüsch auf ihre Opfer. Wenn eines vorüberging, kommandierte Großvater: «Jetzt!» Dann zielten sie. Hat Spaß gemacht.

Einen Tag vor Weihnachten kauften sie gemeinsam die größte und schwerste Mastgans, die auf dem Viktualienmarkt zu haben war. Auf der Rückfahrt in der Straßenbahn unterhielt Großvater die übrigen Fahrgäste. Schimpfte auf die Gänsepreise, über die unverantwortliche Raserei des Trambahnführers, er war ein typischer Münchner Grantler, bei dem das Granteln zum Wohlbefinden gehört.

Am Bräukeller stiegen sie aus und gingen Weißwurst essen. Großvater erzählte ihnen vom Löwen Poldi, den er in Afrika gefangen und an den Zirkus Krone verpachtet hatte. Am zweiten Feiertag wollten sie Poldi besuchen, sie hatten schon Karten gekauft. Großvater ist auch ein berühmter Fußballer gewesen. Einmal hat er die Preußen 9:1 geschlagen. Ein Tor gönnte er ihnen, denn er war ein toleranter Märchenerzähler. Seine Enkel hörten atemlos zu, glaubten ihm alles und durften von seinem Bier trinken, aber erzählt das nicht eurem Vater. Erst auf dem Heimweg vermißten sie die Weihnachtsgans, die noch immer Trambahn fuhr.

Am ersten Feiertag zog die Familie geschlossen in den Ratskeller. Das war Tradition. Großvater ging übrigens nur in Lokale, wo eine Stoffserviette zum Gedeck gehörte. Zwei weitere nahm Großmutter noch zusätzlich für ihn mit. Er brauchte drei im ganzen, um sich vom Kragen bis zu den Knien zu bedecken. Weil er wegen dem fehlenden Auge doch so kleckerte.

Einmal hat sich Enkel Robert einfach wüst benommen. Setzte sich bereits auf dem Weg zum Ratskeller in den Matsch und brüllte. Brüllte im Lokal weiter, es war nicht zum Aushalten mit ihm, die anderen Tische guckten schon sehr kinderfeindlich rüber. Da hat Großvater den Brotkorb ausgeleert und auf seiner Glatze rotieren lassen. Robert, vom kreisenden Brotkorb fasziniert, vergaß, daß er ein schlimmer Junge sein wollte, und stellte das Brüllen ein. Ungerührt vom blanken Entsetzen der Erwachsenen sammelte Großvater Brezen und Semmeln in den Korb zurück: Na und? Hauptsache, der Bub ist endlich ruhig.

Die Weihnachtsgeschenke für seine Enkel suchte er selber aus. Zum Beispiel eine Spielzeugpistole, aus der man Erbsen schießen konnte. Als Ziel wählte er Großmutters frischge-backenen Guglhupf. Das fand sie gar nicht komisch und auch nicht das Taschenmesser für Robert. Damit er es sich umhän-gen konnte, montierte Großvater die Ziehkette vom Klo ab und befestigte es daran.

Robert schnitzte mit dem Messer an einem edlen Stuhlbein herum. «Nun lamentier nicht, Mutter!» sagte Großvater. «Jetzt ist's ein Schandfleck, aber wenn der Bub mal groß und fort ist, haben wir eine bleibende Erinnerung an ihn.»

Großmutter meinte, sie hätte bereits genug davon in ihrer Wohnung...

Und dann der Fußball. Gleich am ersten Feiertag kickte Peter eine Panoramascheibe in Stücke. Großvater sagte gleich, er wär's gewesen, da mußte sein Sohn die Schimpfe wieder runterschlucken.

Er schenkte ihnen Fahrräder und zum Abitur sein altes Auto, das stand schon acht Jahre in der Garage. Robert fuhr ihn durch die Stadt, mußte scharf bremsen. Großvater flog gegen die Scheibe und ließ sofort anhalten. Stieg mitten in den dicksten Verkehr hinein und entfernte sich grantelnd, wobei er Autos, die ihm zu nahe kamen, mit dem Stock auf den Kühler klopfte.

In den letzten Jahren wurde er immer kleiner und klappri-ger, das Gehen fiel ihm schwer. Hatte er früher seine Enkel an der Hand geführt, hakte er sich jetzt bei ihnen ein und ließ die Füße baumeln. Sie trugen ihn spazieren. Dabei verlangte er einmal vom Peter: Bub, halt mir die Trambahn an!

Der Bub stellte sich armeschwenkend auf die Gleise, die Bahn hielt, konnte ihn ja schließlich nicht überfahren. Robert brachte den Alten an und stellte ihn aufs Trittbrett. Dort blieb Großvater stehen und lobte seine beiden: «Gut gemacht, Buam!» und unterhielt sich heiter mit ihnen. Die Türen lie-ßen sich nicht schließen, die Bahn konnte nicht weiterfahren, Autos hupten, Fahrgäste murrten. Großvater ließ sich durch so was nicht stören...

Als er starb, waren beide Enkel übers Wochenende zum Skilaufen.

Klein und gebrechlich, ist er – bei all seinen Schrullen – doch die Respektsperson für sie gewesen. Sie wußten genau, wie weit sie bei ihm gehen durften – selbst im Rebellenalter. Nun kommt Weihnachten – das erste ohne ihn. Es wird nichts mehr so sein wie früher, und am ersten Feiertag können sie auch nicht in den Ratskeller. Großvater hat sich noch kurz vor seinem Tod mit dem Geschäftsführer verkracht, weil der ihm keinen Kinderteller servieren wollte, weil Kinderteller eben nur für Kinder... Großvater hat gesagt, er wäre auch klein, und wenn er keinen Kinderteller kriegt, käme er eben nie wieder. Stand auf und ging, und die ganze, hungrige Familie zog bedripst hinter ihm her aus dem Ratskeller.

Ach, Großvater...

Auf der Höhe
des Lebens

Derjenige
ist in den besten Jahren,
bei dem sich die Jungen
über die Alten
und die Alten
über die Jungen beschweren.

Quellenverzeichnis

Clara von Arnim, «Ein ungleiches Paar», aus: *Der grüne Baum des Lebens*, Scherz Verlag, Bern und München.

Josef Martin Bauer, «Enkel muß man haben», aus: *Opa, du bist mein Freund*, Ehrenwirth Verlag, München 1961.

Edith Biewend, «Vom Rollerfahren und vom lieben Gott», aus: *In bester Absicht*, Reinhardt Verlag, Basel.

Michael Ende, «Die Geschichte vom Wunsch aller Wünsche», Thienemanns Verlag, Stuttgart und Wien.

John Galsworthy, «Der alte Jolyon lernt seine Enkel kennen», aus: *Die Forsyte-Saga*, Zsolnay Verlag, Wien und Hamburg 1925, 1953, 1972.

Rudolf Hagelstange, «Der sächsische Großvater», aus: *Der sächsische Großvater*, List Verlag, München 1979.

Eva-Maria Harden, «Besinnliche Weihnacht», aus: *Im Doppel billiger*, Scherz Verlag, Bern und München.

Ernst Heimeran, «Der 70. Geburtstag», aus: *Christiane und Till*, Hanser Verlag, München. (Die Rechte liegen bei den Erben des Autors.)

Hermann Hesse, «Mit der Reife wird man immer jünger», aus: *Im Altwerden*, Suhrkamp Verlag, Frankfurt am Main 1990.

Kurt Hock, «Lob der kleinen Zärtlichkeiten», aus: *Von der Herrlichkeit zu leben*, Herder Verlag, Freiburg 1982.

Hildegard Knef, «Liebeserklärung an einen Großvater», aus: *Der geschenkte Gaul*, Knaus Verlag, München 1982.

Eric Malpass, «Opas Zigarre», aus: *Wenn süß das Mondlicht auf den Hügeln schläft*, Rowohlt Verlag, Reinbek 1968.

Thomas Mann, «Eine Familienfeier im Hause Buddenbrook», aus: *Die Buddenbrooks*, Fischer Verlag, Frankfurt am Main 1960, 1974.

Christa Meves, «Großeltern – wichtiger denn je», aus: *Das Großeltern-ABC*, Herder Verlag, Freiburg 1983.

Hans Nicklisch, «Großvater demonstriert», aus: *Opas Zeiten*, Universitas Verlag, München.

Barbara Noack, «Was wäre dieses Kinderleben ohne Großvater», aus: *Täglich dasselbe Theater*, Langen Müller Verlag, München.

Luise Rinser, «Vom Umgang mit jungen Menschen», aus: *Fragen und Antworten*, Echter Verlag, Würzburg 1986. (Die Rechte liegen bei der Autorin.)

Edda Rönckendorff, «Die Sache mit der Anzeige», aus: *Glück im Winkel*, Scherz Verlag, Bern und München.

Gerhard Rothweiler, «Das Opa-Leben». (Die Rechte liegen beim Autor.)

Jean-Paul Sartre, «Großvaters Bücher», aus: *Die Wörter*, Rowohlt Verlag, Reinbek 1965.

Albert Schweitzer, «Die Kraft der Güte», aus: *Aus meiner Kindheit und Jugendzeit*, Beck Verlag, München.

Kurt Tucholsky, «Die fünfte Jahreszeit», aus: *Gesammelte Werke*, Rowohlt Verlag, Reinbek 1960.

Renate Welsh, «Der Weg», aus: *Wie man Berge versetzt*, Beltz Verlag, Weinheim. (Die Rechte liegen bei der Autorin.)

Wir danken den genannten Rechtsinhabern für die Genehmigung zum Abdruck der Auszüge aus den obengenannten Werken. In jenen Fällen, in denen es nicht möglich war, den Rechtsinhaber resp. Rechtsnachfolger zu eruieren, konnte ausnahmsweise keine Nachdruckerlaubnis eingeholt werden. Honoraransprüche der Autoren oder ihrer Erben bleiben gewahrt.